蒋 蓝 著

石达开与雅安

文匯出版社

图书在版编目(CIP)数据

石达开与雅安：太平天国第一王 / 蒋蓝著. —上海：文汇出版社，2022.2

ISBN 978-7-5496-3707-2

Ⅰ.①石… Ⅱ.①蒋… Ⅲ.①石达开(1831–1863)
–传记 Ⅳ.①K825.2

中国版本图书馆 CIP 数据核字(2022)第 020427 号

石达开与雅安：太平天国第一王

著　　者 / 蒋　蓝
责任编辑 / 熊　勇
装帧设计 / 书香力扬

出版发行 / **文匯**出版社
　　　　　上海市威海路 755 号
　　　　　(邮政编码 200041)
经　　销 / 全国新华书店
排　　版 / 成都力扬文化传播有限公司
印刷装订 / 成都兴怡包装装潢有限公司
版　　次 / 2022 年 2 月第 1 版
印　　次 / 2022 年 2 月第 1 次印刷
开　　本 / 880×1230　1/32
字　　数 / 208 千
印　　张 / 9.625

ISBN 978-7-5496-3707-2
定　　价 / 68.00 元

蒋蓝的文学踪迹史

—— 漫谈蒋蓝的《石达开与雅安》

王　火

蒋蓝是一位才华横溢而又能努力下苦功、不怕艰难的作家。他如果写抒情性的散文，一样会写得很出色。但从 2011 年开始，他开始着手《踪迹史——唐友耕与石达开、骆秉章、丁宝桢、王闿运交错的晚清西南》这样一部长篇散文的调查与写作，这就决定了他选择了一条布满荆棘的写作之路。倏忽 10 年过去了，他再接再厉，在《踪迹史》基础上推出了同一题材的《石达开与雅安——太平天国第一王》。在我看来，这不是重复，而是思想精进与史料反复厘定、文学深化的可喜结果。

我知道，这几年蒋蓝在研究太平天国石达开的挥师突进西南之余，还在着手古蜀王朝以来的四川历史的系统思索，他也在写工程浩繁的《成都传》。在四川、云南、贵州三省结合部的许多地方，蒋蓝一直跋涉穿行其间。他像一个探险家，像一个勇士，像一个采矿工，更像一名考古工作者或者探宝者，跋山涉水，不管春夏秋冬。他前后购买了太平天国以及相关地方史料上百种，反复阅读，条分缕析，然后采用纸上史料与出土文物、田野考察相结合的多重证据法，把历史研究最后落脚于文学的非虚构写作畛域，为我们复原出一段段鲜为人知的西南生活史与风物史，极大地丰富了人们对西南空间的认知。

《石达开与雅安》，是一部读来津津有味的长篇纪实作品，也是一部有历史意义、历史价值，又具有生动文学笔法、叙人叙事、动人心境的长篇非虚构作品。蒋蓝曾经说："用几年时间来全力完成一件事，长期奔波于田野山河间，在我生命中估计没有第二次！""写作中，我必须回到历史现场，回到官场文牍、稗官野史、江湖切口、烟帮密语、袍哥茶阵、天国客家用语等等构成的专属空间与特定时间，我才可能竭力成为一个文学与文化的福尔摩斯。""我相信，我追踪的四川提督唐友耕与翼王石达开的踪迹，及所带出的 1850—1900 年之间的四川官场史、军事史、民俗史、植物史、道路史、城建史乃至风化史，我已经尽了最大的再现努力……"

我赞赏蒋蓝这种有大气魄、有雄心、知难而进的创作态度与风格。他无心取悦于文坛，但取得的效果却必然使对这种作品有兴趣的阅读者得到满足。

生活是创作的源泉。蒋蓝是能真正深入到他要写作的那种生活中去的，尽管艰苦而且艰难。事实上，今人写过去的旧时代和旧人物，总比深入今天的生活写今天要困难，但他是努力深入了，而且确有所得。他的作品感染了我，我仿佛能看到他站在大渡河边面对大风呼啸、波涛滚滚，遥想当年石达开在此艰难作战的情景；又仿佛能看到他在寂静的深夜里钻研白天采访到的散乱资料；在大雨滂沱的夜晚、在孤寂简陋的客栈小屋里听春雨声奋笔写作……

书里写到过一件使我感动的事：关于太平天国翼王石达开被凌迟，关于其殉难的地点，他采访收集到五种说法，当他向成都两位学者发去求教电邮后，一个寒冷的冬夜，在家里回复来了，他突然发疯似地对妻子说："走，穿厚点，我们开车出去！"从成都九眼桥家中到达督院街口的"院门口"，已是深夜十一点半了！把车停下，面对深夜一个人都没有的清冷的大街，他对妻子说："相传这里是翼王石达开被凌迟处，当时翼王等人从科甲巷省臬台监狱被押到总督衙门受审，必须经过这里……"妻子在寒风中忍不住说："你这个疯子呀！来看什么？鬼影子都没有一个……"这其实不是笑话，这是痴心干创作的蒋蓝，一种沉迷于创作踪迹史的正常表现。

有时候，文学创作也是需要一些这种"疯子"精神的。书中的翼王石达开，写的只是兵败大渡河直到被杀害就义的那一长段，但分量厚重，尤其是被残忍地一刀一刀凌迟处死，蒋蓝写得淋漓尽致，使我看得心悸手冷，血压升高。他引用的资料详尽而可靠，如清政府同治二年五月二十三日处决石达开的档案原件；对于石达开在最后关头的《石达开致骆秉章书》的独到分析，判断不是伪作；清政府同治二年理民府填发的给巴县府递解石达开首级回销及重庆府转发以极刑处死石达开并传首级被害各省告示札以及四川省档案馆藏清史图片集等等，对历史上的一些这方面的争议，大有"钥匙开锁"的意义与作用。涉及石达开的字数，占本书约四分之三，但分量厚重，大气磅礴，感人至深，能引人浮想联翩！能使人热血沸腾，唏嘘长叹。

唯有作家写历史，才可能这样淋漓尽致！

蒋蓝不仅是一个"写书的人"，也是个"读书的人"。他博览群书：正史野史、诗词歌赋、中外典籍直至写作本书时所能觅到的一切文史资料、四川典籍、地县方志、信函日记、档案文件、民间传说、地图照片、老人回忆以及书中人物后裔的叙述……均在阅读研究及考据之列。于是，此书得以丰满，此书得以完整，此书得以可信，此书得以成功。

我想，《石达开与雅安》如果不是作家来写，纯由历史学家来写，可能不会像蒋蓝这部述作感人而且吸引人阅读。这部长篇出自一位有思想的作家笔下，是集文、史、哲于一体的作品。书中插有数十幅照片、图画，也为内容增色不少。文学作品重于塑造人物，尤其是典型人物，当然也要同时具有丰富的想象力，优美的文学笔法及文句、叙事、写景、状物……史学家重在发掘、研究，重在实地考察及潜心考证，有所发现和前进。哲人则从学术角度体现人之才能识见，从自然知识与社会知识之累积及体悟中寻觅出规律、法则及正误之道。蒋蓝在处理文史哲的问题上做得很出色。他是作家，文采斐然，他写踪迹史，自然要去伪存真；他是一个有思想有想象力的作家，于是自然而然在美文中并不揭橥什么主义，但常常在叙史叙事时颇多哲思，或诗意盎然。文笔锋芒，有时甚或带有"野"气。但这些都是在既尊重史实又尊重文学性的一种写踪迹史的必要和可贵之处！好的作家是应该有这些，也必须有这些的！

分析历史可以发现，自从1862年2月20日石达开从湖北利川进入四川石柱，与清军拼死相搏的十几次大小战役，实际上就是强渡与反强渡之间的博弈。回溯一下翼王的巴蜀足迹就明白：他第一次进攻涪州，是为取得涪州为基地北渡长江；第二次进攻叙府的长宁，是为了在江安渡江；第三次攻占宜宾横江，是为了以横江为基地抢渡金沙江。他每次选择的渡江点位，均是支流汇入主流的地方，他是希望利用支流汇入主流形成的水流"剪力"，一蹴而就。但三次均受阻而功亏一篑，只有第四次从云南永北（位置在今攀枝花市境内，不是如一般历史书籍记载的云南巧家到达会理县的渡口）渡过了金沙江，进入米易县，然后沿安宁河北上，经攀莲、米易、挂榜、云甸进入德昌县境，才甩开清军如影随形的追击，可惜在大渡河受阻而折戟沉沙。

珍贵在于，我们以往均记载，1863 年 3 月石达开是从巧家县渡过金沙江进入四川的。但蒋蓝的考据结果不同：

清同治二年初（1863 年正月初），石达开领兵离开云南永善，至云南大关县境大湾子兵分双河、天星和黄葛、雄魁，两路抄袭大关县城。因官军民团凭险阻击，石达开未能取胜，大关县一带留下了翼王的不少足迹。1863 年 3 月，寒风料峭之中，石达开率军从洒渔河经鲁甸古寨与峭壁林立的梭山，行进至大竹林渡江。此处地势险峻，前有巧家拖车石壁，后为鲁甸梭山陡岩，中间横隔湍急的牛栏江。将士因饥寒无援，误食凝冻桐油集体中毒。石达开率所部渡过金沙江入川，当时江面结冰不便行船，履冰过江，溺死几半。石达开见事不可为，临行仰天长叹，啮指题诗于悬岩壁上曰："无事看花兼看柳，有时长啸复长歌。"

这一段史料弥足珍贵，恰在于：浩大的金沙江竟然千里冰封，翼王部队是从结冰的江面，踏着被冻硬的将士身体，走着进入四川境的。

冰封金沙江！一定是石达开平生仅见，也是我们从史料里发现的唯一一次记载。

蒋蓝说过："人迹是构成史迹最重要、最深切的痕迹。"我同意这位"文字与文学的福尔摩斯"说的这句话！

写《踪迹史》已经太过艰难，而接着完成《石达开与雅安》更是一种超越自我的挑战。但蒋蓝这部作品应该说是一部成功的述作。

我以为，有的书会过时，蒋蓝这本书是富于生命而不会过时的！他吃的苦、受的艰难太值得了！

2021年3月28日改定于成都。时年97岁。

王火，原名王洪溥，江苏如东人，1924年7月生于上海。出版有《王火文集》十卷。中国作家协会名誉委员、四川省作家协会名誉副主席。1996年《战争和人》三部曲荣获国家图书最高奖项——第二届国家图书奖；1998年《战争和人》三部曲荣获茅盾文学奖，同时获全国"八五"期间优秀长篇小说奖。

从城墙上看成都。美国地质学家张伯伦（T. C. Chamberlain）于1909年拍摄。

目录
CONTENTS

石
达
开
与
雅
安

太
平
天
国
第
一
王

概　述

1862 年 12 月 31 日（大清同治元年冬月十一），一支声名远扬的"电通军"由云南进入四川。这是太平天国翼王石达开派遣其中旗军赖裕新为前锋，"由云南巧渡金沙江，经披沙、普格、河西，占德昌，进逼宁远府（今西昌）"。这支农民起义军在此后两个多月时间里，一直在会理、德昌、宁远一带活动。1863 年3 月 23 日（农历二月初五），赖裕新率众焚毁小哨汛及炒米关，占领中所坝，越嶲同知周岐源得报后，先令四乡坚壁清野，凡谷米辎重老稚妇女尽令入城，又令壮者潜伏山泽僻处，伺机出击。25 日，赖裕新率大队继续从中所坝经越西县城、王家屯向白沙沟进发。在沟内，夷兵之滚木礌石齐发，继以矢枪火炮，赖裕新于战役中牺牲。

1863 年 4 月，石达开在与率中旗军的赖裕新失去联系，更不知赖已经在白沙沟牺牲的情况下，率众"三四万人"从云南巧家渡金沙江入川，欲实现多年来"先行入川，再图四扰"的战略方针。1863 年 5 月初，石达开兵至冕宁泸沽，分兵"越西、冕宁大小两路"，一路由小路冕宁县泸沽经大桥至铁寨子、水扒岩、烂泥坪、铜厂、新场至紫打地（今安顺场），一路由大路泸沽绕越西县城经保安至海棠，然后翻竹马经积玉场、新场至紫打地……到6月13日石达开舍身救三军，被俘押到成都，于23日被凌迟。翼王悲壮、传奇的一生，其故事一直在雅安及大渡河流域流传，雅安也成了"翼王悲剧地，红军胜利场"的重要红色教育基地。

翼王救下的数千太平军将士并未离开雅安，他们至今生活在汉源县、石棉县的大渡河两岸；还创立了中国百家姓里唯一的一个太平军姓氏"陈莫"；还有石达开宝藏之谜……太平军遗留在雅安的地名如石儿山、营盘山等等多达几十个，流传着无数激动人心的故事。

作家蒋蓝多年从事非虚构写作，在40万字的《踪迹史——唐友耕与石达开、骆秉章、丁宝桢、王闿运交错的晚清西南》一书里，已经涉及石达开进入四川的诸多细节，他奔波十几个县，进行了大量田野考察。在15万字新作《石达开与雅安》里（配图100张左右），将采用目前最新发现的史料与物证，并把串联雅安的邛笮古道、牦牛古道纳入到石达开的踪迹考察当中，复原出150年前的历史真相，还原石达开的高贵人格。留存历史真相，书写山河巨变，把那一段铁血历史留给未来。

"石相公"的成长史

"稗史漫传曾羽化，千秋一例不平鸣"。

这一句诗，当是对太平天国翼王石达开一生的最佳写照。

风云际会，黄沙漫漫，1851 年太平天国运动大波迭起。时年 16 岁的石达开便"被访出山"，投身于一场没有回头路的征尘。他 19 岁统率千军万马，20 岁封翼王，后在成都四川桌台监狱英勇就义时年仅 33 岁。石达开用兵神出鬼没，死后仍令敌人提心吊胆，甚至他身后数十年中都不断有人打着他的旗号从事反清活动。辛亥革命党人曾通过诗歌、小说、绘画等各种形式弘扬他的

位于广州市太平天国历史博物馆的石达开塑像。

事迹，用以"激励民气，号召志士，鼓吹革命"。有关他的民间传说更遍布他生前转战过的大半个中国。他的侠肝义胆与深重义气，源源不断地为不同时代输送着血气与骨力。

太平天国史学家简又文指出："纵观翼王远征之后，历时7载（由咸丰七年至同治二年翼王就义为止，其余各部活动，直至同治十年未算），所过地域共15省（苏、皖、赣、浙、闽、桂、湘、粤、黔、滇、鄂、川、西康、陕、甘），行程约五万余里（翼王本军约二万里，石镇吉、赖裕新、曾广依、李福猷等部共约三万五千里，余部活动，及分化各部之回师未算），实为世界历史上有数之长征。人类有此奇异伟大的活动，诚值得详细记录者。"

作为太平天国最富传奇色彩的英雄，关于石达开的身材、相貌、气度也是人们十分关注的。最早的议论，出自1853年法国人加勒利、伊凡著，英国人约·鄂克森佛译补的一本专著里：

"副丞相石达开相貌奇丑，极瘦，肤黑如炭；他的长颈项支持着骨瘦的脸和尖形的头，他是一个文人，据说过去所发布的檄文大部分出于他的手笔。这种情形使我们推测他是一个上帝会中人，可能是郭士立的布道会会员。大臣以下是高级军官。一望而知，这些王并不滥用称号，也不乱颁勋位；他们都是战场上的军人，尚未想到以无谓的头衔来装饰自己。"[1]

而对萧朝贵的描述却是锦上添花："萧朝贵是这一群王中最年少、英俊而勇敢的阿溪里。凡遇交战阵，他都奋不顾身，身先

---

[1] 《太平天国初期纪事》，上海古籍出版社1982年版，第116页。

士卒，指挥军队极其周密，证明他有过人的识见。他风姿俱傥，容貌活泼……他没有胡须，在他的战友中天赋是最高的。"太平天国初期诸王中最年轻的是石达开，并且他和萧朝贵一同在前线冲锋陷阵，而萧朝贵年纪较大，"面貌凶恶"。因此，有学者断定，法国人加勒利和伊凡混淆了萧朝贵和石达开，年轻英俊的是石达开才对啊。

《贵县志》中对石达开的记载是"姿貌魁秀"。据当年见过石达开的人回忆说，石达开"身穿白上衣，长得又高大，是个漂亮少年"，"石达开个子高高的，年轻英俊，十足是一个当王的长相"。石达开气质绝伦，被清廷一名贡生赞之为："龙凤之姿，天日之表"，后来审判他的清将也承认其"枭杰之气，见诸眉宇"，文人们则更是赞之为"威仪器量为不可及"。

太平天国女官图（选自林德利著《太平天国》，外文出版社2003年版）。

这些记载反映了起义初期的情况，尽管传闻较多，与事实有明显差异，但石达开的长相，的确较为特异。

石达开征战过的地方，他存留于世的印信、旗帜、书法、诗词、对联、兵器、用具等等，一百多年来无不成为街谈巷议的话题。最早"仿写"石达开诗作的是大名鼎鼎的梁启超。1902年他在《新民丛报》上刊登了托名石达开的5首诗，其中诗句如"我志未酬人犹苦，东南到处有啼痕"等佳句，广为流传。1906年南社领袖之一的高天梅，化名残山剩水主人，伪造了《太平天国翼王石达开遗诗》。这部伪造的诗集出版以后，流传甚广，读者无不为之感动，激扬文字，造化良知。在这些伪作当中，章回小说作家许指严《石达开日记》则是最为新颖、最具可读性的一个伪造之物，1922年由上海世界书局出版，立即畅销全国，再版数次，一时洛阳纸贵，堪称当时的超级畅销书……这些真迹与赝品，连缀起来，构成了一段跌宕起伏的晚清踪迹史，复活出一个"儒家的完美圣人"。

洪秀全像（据日本小岛晋治《洪秀全》）。

实事求是地说，太平军将领们对石达开胆识、为人十分推崇。比如李秀成谈及各王优劣才能时，"皆云中中，而独服石王，言其谋略甚深"；陈玉成认为太平军将领"皆非将才，独冯云山、石达开差可耳"。即使在朝廷方面，曾国藩认为"查贼渠以石为最悍，其诳煽莠民，张大声势，亦以石为最谲"；左宗棠说他"狡悍著闻，素得群贼之心，

其才智诸贼之上，而观其所为，颇以结人心，求人才为急，不甚附会邪教俚说，是贼之宗主而我之所畏忌也"；四川总督骆秉章指出："能以狡黠收拾人心，又能以凶威钤制其众"，是"首恶中最狡悍善战"……不只如此，石达开还赢得了众多与他敌对立场者的敬重，比如曾国藩的幕僚薛福成赞其为"绝代英物"，蜀地文人周洵在《蜀海丛谈》中称其为"奇男子"，清朝一位贡生在湘军的军宴上称赞他有"龙凤之姿，天日之表"。而在大渡河畔与石达开为敌的王松林土司等人，也对他的英雄气概与仁义之风钦佩不已。直到他牺牲几十年后，由清朝文人陈澹然撰写的传记《江表忠略》中，还有这样的记叙："至今江淮间犹称……石达开威仪器量为不可及。"

在有关石达开的各种评价中，最著名的当属美国传教士麦高文通讯中的一段话"这位青年领袖，作为目前太平军的中坚人物，各种报道都把他描述成为英雄侠义的——勇敢无畏，正直耿介，无可非议，可以说是太平军中的培雅得（法国著名将领和民族英雄）。他性情温厚，赢得万众的爱戴，即使那位颇不友好的《金陵庶谈》作者也承认这一点。该作者为了抵消上述赞扬造成的美好印象，故意贬低他的胆略。正如其他清朝官方人士以及向我们口述历险经过的外国水手声称的，翼王在太平军中的威望，驳斥了这种蓄意贬低的说法，不容置疑，他那意味深长的'翼王'的头衔，正表示他在军事上的雄才大略和他的性格。他是一个有教养的人，一个敢作敢为的人。"

时至今天，关于石达开的学术研究、文学传记、小说不断发表出版，他的名字仍然在网络、微信、视频里传播着，甚至有专业纪念网站。这一现象，恰是太平天国人物里的一个特例。

石达开，别名亚达，外号"石敢当"。道光十一年二月中旬（1831 年 3 月）生于广西贵县（现贵港市）。

太平天国学者王庆成指出："贵县也是民族杂居的地方，有汉族，也有僮族和瑶族，尤其是北部山区的居民，僮人占了很大的数量。石达开的祖辈虽然是外省去当地占籍的汉人，但自从迁居贵县以后，和僮族人民的关系却很密切。石达开的母亲是僮族妇女，他的姊姊也嫁给一家僮族子弟。据说石达开本人还能讲很纯熟的僮话。"①

文中提到的僮族，1965 年后改名为壮族。

石家从桂平白沙迁去那帮村的时候，家境比较穷苦，据说石达开的祖父和父亲都给别人放过牛，做过工。到他出生时家里的经济实力得到积累，地位也上升了。太平天国自己的文献上曾经提到石达开出身于"富厚之家"。现在可以判断，他的家境大概属于新发迹的中小地主。石达开的祖父辈有三弟兄，父亲石昌荣，伯叔有 5 人，到他这一辈，堂房弟兄已有 16 人。家族人口增殖，有些叔伯兄弟已分居在邻近的那良村和六屈村。石达开的家庭虽然已经大为改观，但是家庭中的成员还保留有动手劳动的习惯，土地主要还是依靠自耕自种。他家里的人也会做石工，新造房子需要的石板，也是家人自己打造的。

伴随阅历增多，加上常年的体力劳动，少年时代的石达开显得较为成熟，身材很高大结实，肤色黝黑，脸部棱角分明，12 岁时已经出落成一个男子汉了。

石达开喜欢读书，尤其喜欢《孙子兵法》。其实，他连童子试也不曾去参加过。他父亲曾几次劝诫他说："读兵书有什么用呢？

① 《石达开》，生活·读书·新知三联书店 1980 年版，第 2—3 页。

广西贵港市东湖公园内的翼王亭。这是广西历史上第一座太平天国起义翼王石达开纪念亭，也是我国首座翼王亭，始建于1936年。

你还是多读读八股文吧，将来得个功名，也好光耀门庭。"石达开口头答应，但等他父亲一转身，又拿起了《孙子兵法》……他自己后来说"读书不成，耕种为业"，这大概和父母去世较早有关系。由于没有亲兄弟，到父母的去世，十几岁的石达开不得不担负起照顾家业的责任。当时，贵县县东的大墟是一个人头攒动的大市场，主要交易大米和耕牛。石家的兴隆致富，据说就是同他父祖辈做贩牛的买卖大有关系。石达开当家以后，又重操旧业，常去大墟贩牛。他还贩过鸡鸭、木炭、竹子，甚至还结伙去贩卖私盐……这些经历，在他眼前洞开了一个幽深而诱人的江湖世界。

当时两广地区苛捐杂税奇重，各地的反抗事件风起云涌。遍地星火的形势，对青年石达开影响甚大。他目睹社会的百孔千疮，哀鸿遍野，在如火如荼的形势影响下，俨然已经激发了他的雄心壮志。他结识了不少江湖好汉。为解救一个被抢劫的客商，他曾和当地的"群盗"握手言欢，有相见恨晚之慨，博得了轻财好义的名声。传说他曾经抗拒向官府交粮，还鼓动过农民反抗一家地主霸占渠水。有的地主很讨厌他，怕他惹是生非。石达开在地方上渐渐成了崭露头角的人物。

石达开是当仁不让的武术家，这在很多史料里早有记载。民间流传有他挥拳碎碑的美谈："道光中，石达开游衡阳，以拳术教授子弟数百人。其拳术，高曰弓箭装，低曰悬狮装，九面应敌。每决斗，矗立敌前，骈五指，蔽其眼，即反跳百步外，俟敌踵至，疾转踢其腹脐下。如敌劲，则数转环踢之，敌随足飞起，跌出数丈外，甚至跌出数十丈外者，曰连环鸳鸯步。少林寺、武当山两派所无也。教授于右寺中，前憧有丰碑，高二丈，厚三尺。一日将远去，酒后，言'吾门以陈邦森为最能，应一一较艺。吾身紧贴碑，任汝击三拳；吾还击汝，亦各之。'邦森拳石，石腹软如绵，邦森拳如著碑，拳启而腹平。石还击邦森，邦森知不可敌，侧身避，碑裂为数段。"[①] 由此可见，弟子陈邦森远没有学到石达开的功夫。石达开的武功显然不属纯外家刚猛一脉，他走的是内家的路子。

西方画家笔下的石达开。

① 徐珂辑《清稗类钞》第六册"技勇类"，中华书局2010年1月版，第235页。

1847年秋季的一天，洪秀全、冯云山至贵县拜访了在江湖上渐有名气的石达开，邀其共图大事。太平天国史谓之"访石相公"，并以"三顾茅庐"而喻之。

石达开不是因为吃不起饭才同意"共图大事"的。

他一方面对于晚清局势深感绝望；一方面他深深陶醉在洪秀全、冯云山言辞中平均主义所规划出来的宏伟幻象当中。他渴望放手一搏。

金田起义前夕，石达开从家乡带来四五千人，包括石家亲族数百人。石家子弟英勇善战，义气深重。在整个太平天国历史中，石家有兄弟5人载入史册：石祥祯、石凤魁、石镇仑、石达开、石镇吉。尽管他们不都是亲兄弟，只是堂兄弟或族兄弟，但都被称为太平天国"国宗"。

民间传说，在金田起义前，石达开为一家理发店所撰之对联，很能反映出他的气象：

天王洪秀全像。英国人呤唎绘。呤唎没有见过洪秀全。对洪秀全的描绘当得自传闻，但服饰、装束却大致合符太平礼制。

磨利以须，问天下头颅几许？

及锋而试，看老夫手段如何。

原联为冯云山所题"磨砺以须，天下头颅皆可剃；及锋而试，世间妙手等闲看"，后来石达开认为文辞虽然佳，惜其气势不足，遂改了对联。

这样的阔达气势与语调，又有几人能企及?!

在位于天京的翼王府（现南京市清代上江考棚遗址），大门上绘有一龙一虎，府前建有望楼一座，高5丈，计5层，楼顶有平台，供人眺望。大门悬挂对联：

> 翼戴著鸿猷，合四海之人民齐归掌握；
> 王威驰骏誉，率万方之黎庶尽入版图。

还有一联：

> 翼德咸明，鄙阿瞒如小儿，能视豫州同骨肉；
> 王陵忠义，弃项羽如敝屣，独知刘季是英雄。

两副对联首字均嵌入"翼王"，对联真实展示了石达开的远大抱负与坦荡胸怀。

我曾经在涪陵市望州公园的广场上，见识过翼王台等遗迹。我还多次来到雅安石棉县的大渡河畔，站在那尊红色花岗岩的石达开塑像前，目睹双眉紧锁的他，手持利剑，似乎吟着"我志未酬人犹苦"，迈步向大渡河走去。石达开雕像身后还塑有怀抱婴儿的妻子……他的身后是滔滔大河，波澜壮阔，犹如万千将士的碧血，从他身后翻涌而至。我听到了将士们绝望的呼啸穿透了危岩与卵石……那些曾经萦绕在"小天堂"的宗教迷雾早已经被残酷的厉风荡去了，只有"驱逐鞑虏，解民倒悬"意志。豪杰与枭雄，必为其一。

1853 年 1 月，在顺利攻克重镇武昌之后，石达开挥师顺江而下，直趋南京。在长江沿线流传有这样一首歌唱石达开的民歌①：

> 石达开，真好样，
> 夺采石，勇无当。
> 一马冲入南京城，
> 太平天国第一王。

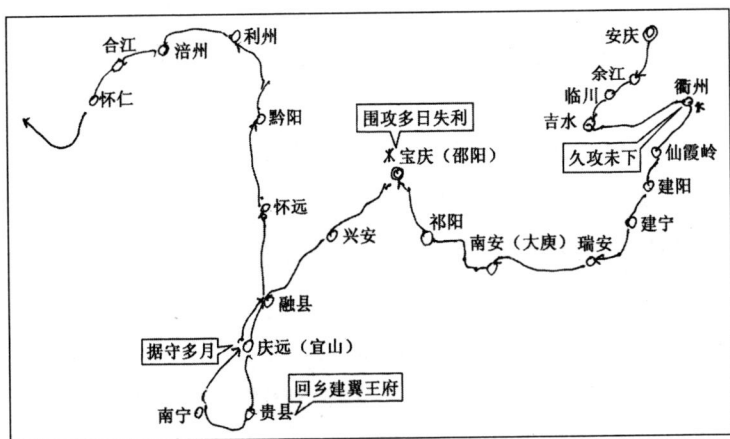

石达开自安庆出走路线。

---

① 见中国科学院江苏分院文学研究所编《太平天国歌谣传说集》，江苏文艺出版社 1960 年版，第 5 页。

蜀身毒道与邛筰古道

1863 年，翼殿太平军进入四川的道路，其实就是一条历经沧桑的古道，镌刻着深重的历史踪迹。

在古蜀时期，属于古蜀鱼凫王朝的汉源县（包括现石棉县）被称为鬃国。鬃与牦、犛、旄相通，今简化成"牦"，有放牧牦牛为生之意。到公元前 316 年秦灭巴蜀，在西南的大渡河流域内，一直生活着一支以畜养良种牦而著称的古牦牛羌人。古蜀王朝到两汉、三国蜀汉时期，旄牛道是通往西南夷最早的一条道路，与灵关道相接。因为路经旄牛夷和西汉元鼎六年（前 111 年）设置的旄牛县而得名。这条大路，与更为久远的蜀身毒道重合。

蜀身毒道与川南"五尺道"的关系是：西南地区以成都为起点的商旅之路有两条，其中一条支线经僰道（今四川宜宾）——朱提（今云南昭通）——汉阳（今贵州赫章可乐）——味县（今云南曲靖）——叶榆（今云南大理），另一条成都——临邛（今四川邛崃）——旄牛道——邛筰（西昌）——叶榆（今云南大理），两线会合，一路往西，经永昌（今云南保山）出瑞丽而抵缅甸八莫，再到印度、阿富汗等国，这就是中国最早的南方丝绸之路，史称蜀身毒道。

具体地说，蜀身毒道是从今成都市西南为起点，经邛崃、雅安、荥经，经邛笮古道翻越大相岭至汉源县清溪镇，再南经汉源渡过大渡河，至越嶲郡治的邛都（今西昌市东南），越过金沙江而进入云南……东汉中叶荒废，三国蜀汉延熙中修复。《三国志·蜀书·张嶷传》："郡有旧道，经旄牛中至成都，既平且近。自旄牛绝道已百余年，更由安上，既险且远。"

就是说，邛笮古道属于万里蜀身毒道中的一段。

无论是川南的五尺道，还是蜀身毒道，这两条路在石达开挺进四川的 2 年多时间里，他都多次走过，一直是他渴望进军成都的道路。

据《成都市交通志》记载，汉代的成都已是著名的丝绸生产地，成都丝绸连同其他蜀地特产通过民间商人从成都至临邛（今邛崃）的道路，南下永昌，经畹町贩运到掸国（缅甸）、身毒①等国，再经印度市场转销至其他欧亚国家。这条从成都出发到印度的贩运道路，史家称为"蜀身毒道"。

在遥远的身毒市场，商人用成都丝绸和漆器、武阳铁器、临邛铜器等换取当地的宝石、翡翠、犀角、象牙，或直接从欧洲商人手中换取黄金。由于当时以蜀锦为主的蜀丝绸已闻名中外，以大秦（罗马）商人为主的欧洲商队不惜长途跋涉东到身毒贩回丝绸，后来部分精明的商人便沿"蜀身毒道"直接来中国成都购买

① 《康熙字典》的解释是："身毒，一名捐毒，又名天笃"，"今之天竺，盖身毒转为天笃，笃省文作竺，又转为竺音"。

蜀身毒道与邛笮古道

丝绸。希腊人撰写于公元 1 世纪 80 年代（东汉时期）的《爱利脱利亚海周航记》，记述了作者经蜀身毒道来到成都购买丝绸的经过："过克利斯国（今缅甸白古）抵秦国（中国）……有大城曰秦尼（成都）……由此城生丝、丝线及丝织成之绸缎经陆道……而至巴利格柴（印度孟买附近巴罗赫港）。"这是西方最早的书言中国的明确文献。古代希腊人和罗马人称中国为赛里斯国（Serice），居民为赛里斯人（Seres）。赛里斯国意即丝国。

1877 年，德国地理学家李希霍芬（1833—1905 年）在他的《中国：我的旅行与研究》书中，第一次使用"丝绸之路"这个名称，用以指中国丝绸西运中亚和欧洲的交通道路，并用以泛称中西交通。因此，西南丝绸之路也成为蜀身毒道的一个功能化命名。

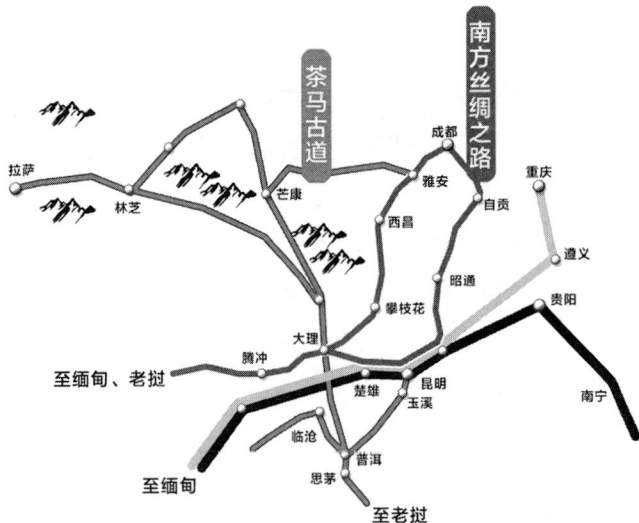

南方丝绸之路在四川部分的路线图。

蜀身毒道一直成为中国丝绸外销的南方通道，它的形成时间早于西北方向的丝绸之路，史家称之为"南方丝绸之路"。到清末民国初年，这条南方丝绸之路仍很繁荣。晚清成都府华阳县令周询记载：清末成都所织绸缎不仅销售国内，还远销"暹罗、安南（即泰国、越南）等地"。十几年前，著名巴蜀历史学者段渝指出："英语China一词最早出现在印度文献中，原并非瓷器而是指中国蜀地所产丝绸。"这一独出机杼的发现对于成都来说，意义无可估量。

汉朝大夫、蜀地才子王褒为寻找"金马碧鸡"，沿着蜀身毒道进入滇地，也许中了瘴气，最后死于寻找金马碧鸡中途。汉宣帝闻奏痛惜……

历史上途经蜀身毒道者死亡无数，这一情况到了明朝才逐渐改变。《明史》"曹震传"记载："明初督理四川军务的曹震向朝廷报告说：往四川建昌驿（今西昌）去的道路，须经过大渡河，来往的人多半死于瘴气和急症。我询问了当地父老，从峨眉到建昌有一条古驿道，平顺好走，又无瘴毒，便命令军民修整了这条道路。建议把泸州到建昌的驿马，转移到峨眉新驿站去……"这一建议得到了朝廷批准。

关于成都是南方丝绸之路的起始口岸，还有一种说法：位于新都区三河场也是南方丝绸之路的重要起点。新都地方志资料介绍，1887年，一名法国记者在现今三河场处拍摄到当时成都北大门出川要道上的牌坊。三河场是古蜀道通达成都的最后驿站，也是成都千年以来通向中原和中央政治文化、经济中心的第一起点。有历史文献和考古实证，南丝绸之路的起点，就位于自古素有河川秀美、市井繁荣的"北城金锁"之称的三河场。

古代成都通往藏区的道路至迟形成于唐代，此路与南方丝绸之路从成都至雅安一段是重合的。在唐代，成都通雅州（今雅安）的道路已向西延伸进入吐蕃地区，成为朝廷与吐蕃之间交往的通道。宋代朝廷设"茶马司"，用蜀地茶叶和蜀锦等物品由此道运去换取吐蕃的马匹，称为茶马贸易。明代为迎接西藏前来送贡礼和进行商贸活动的藏族人，特在成都郊外通藏路口建红牌坊，设红牌楼场镇。据《华阳县志》记载："红牌楼堡距县南十里，明嘉靖中蜀王于此建坊，名曰红牌坊。"从清代开始，在藏区打箭炉置藏汉互市进行物资交流，故成都通藏大道又称"炉藏大道"。

牵线阵图

太平军的阵法：牵线阵。《贼情汇纂》和《劫余灰录》对此阵型做了详细描述："每两司马执旗一面，后随二十五人，百人则间卒长旗一面，五百人则间旅帅旗一面，二千五百人则间师帅旗一面，一万二千五百人则张军帅旗一面。其军帅、监军、总制乘舆马随行，一军尽一军即续。宽路则分双行，狭路则单行。"

穿过冰封的金沙江进入四川

1861年，石达开决定挥师进入四川，但他并不希望放弃广西，他让悍将周竹岐出任翼殿尚书，在广西协助黄鼎凤继续作战，他希望能在广西留下一个势力地盘。史载："翼王思扶助以为己援，乃留竹岐，使事鼎凤。"这样，周竹岐成了翼王在广西的代表，继续跟天地会合作，壮大抗清力量。周竹岐有谋略，黄鼎凤对他言听计从，并让他处理辖区内民政工作，巩固根据地。广西常年战乱不休，人民流离失所，周竹岐从难民中招兵买马，很快就聚集了十余万人，起义军声势大振，当地团练武装远远不是对手。可惜，周竹岐后来在湘军挤压下，左支右绌，最后被凌迟处死，广西的希望火种就此熄灭。

石达开对于金沙江，一点也不陌生。

分析历史可以发现，自从1862年2月石达开入川，与清军拼死相搏的十几次大小战役，实际上就是强渡与反强渡之间的博弈。回溯一下翼王的巴蜀足迹就明白：他第一次进攻涪州，是为取得涪州为基地北渡长江；第二次进攻叙府的长宁，是为了在江安渡江；第三次攻占宜宾横江，是为了以横江为基地抢渡金沙江。他每次选择的渡江点位，均是支流汇入主流的地方，他是希望利用支流汇入主流形成的水流"剪力"，一蹴而就。但三次均受阻而功亏一篑，只有第四次从云南永北（位置在今攀枝花市境内，不是如一般历史书籍记载的云南巧家到达会理县的渡口）渡过了金沙江，进入米易县，然后沿安宁河北上，经攀莲、米易、挂榜、云甸进入德昌县境，才甩开清军如影随形的追击，可惜在大渡河受阻而折戟沉沙。

翼王石达开远征路线示意图。

在这四次强渡与反强渡的博弈中，我们发现，唐友耕均是如影随形，他如蛆附骨的噬咬力从李蓝起义军的腰部，蜿蜒到了石达开身上……

当这条被彝人称为"金河""马湖江"的浊红色大江逶迤蜿蜒，又勾连到被彝人称为"铜河"的大渡河之际，笃信天命的石达开，顿然觉得，巴蜀的河流条条都是天堑。太平天国有个专用词叫"化醒"，就是"开悟"之意，每想到此，真是天若有情天亦老……

1862年年底展开的横江大战，无疑是石达开入川的"滑铁卢"，为他几个月后陷入大渡河紫打地的绝路，埋下了人心涣散、元气大伤的祸根。至今在高县有"翼王匾"、兴文县有"王姑坟"（石达开义妹之墓）、在西昌邛海边有"七姑堰"（石达开妻妾开凿的灌溉渠）、"翼王桃"（石达开赠与铁匠的广西桃树种子）等等大量传说，从现在角度讲，作为一个"外省"的来者，他还有两个一般人根本不知道的封号："电师通军主将义王石"与"高天义人"，这样的"义王""义人"，以超乎寻常的才情和人格魅力深犁巴蜀民间。

因为横江大战的失利，石达开再次退入云南。石达开所统辖的三支部队分别都穿越了大关县。李福猷率领的侧翼部队3万多人于1862年春季，首先从黔西进入镇雄境内，折向川南掩护石达开率领的主力部队，在云南省绥江县大汶溪造桥渡金沙江未成，后改道大关县，于翠华镇、出水洞一带受到清军民团的阻击，在高山峡谷里不断遭到巨石檑木的袭击，逐渐与石达开主力部队失去联系。1862年11月，赖裕新部从宣威、东川到昭通地区的巧家县，从蒙姑顺利渡过金沙江，进入四川的西昌地区。

清同治二年初（1863年正月初），石达开领兵离开云南永善，至大关县境大湾子兵分双河、天星和黄葛、雄魁，两路抄袭大关县城。因官军民团凭险阻击，石达开未能取胜，大关县一带留下了翼王的不少足迹。1863年3月，寒风料峭之中，石达开率军从洒渔河经鲁甸古寨与峭壁林立的梭山，行进至大竹林渡江。此处地势险峻，前有巧家拖车石壁，后为鲁甸梭山陡岩，中间横隔湍急的牛栏江。将士因饥寒无援，误食凝冻桐油集体中毒。石达开"率所部渡金沙江入川，时河面结冰不便行船，履冰过河，溺死几半。达开见事不可为，临行仰天长叹，啮指题诗于悬岩壁上曰：'无事看花兼看柳，有时长啸复长歌。'其飘洒出尘，大有英雄落魄之慨。惜时人不知，只留得一个'长毛造反'的声名。"①

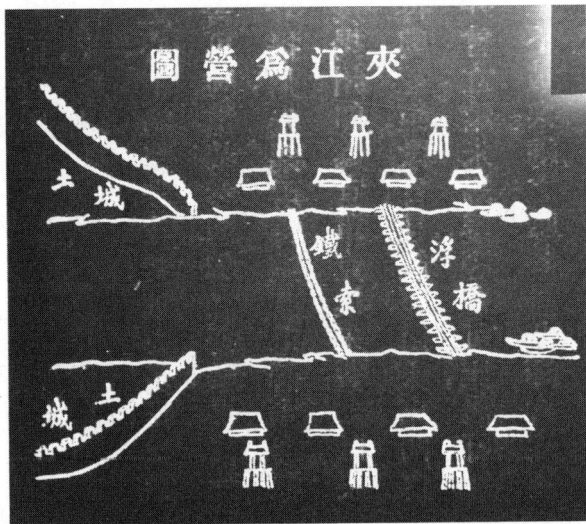

太平天国"夹江为营图"（选自罗尔纲主编《太平天国资料丛刊》）。

---

① 《鲁甸县民国地志资料》，见《昭通旧志汇编》，云南人民出版社2006年5月版，第1878页。

这一段史料弥足珍贵，恰在于：浩大的金沙江竟然千里冰封，翼王部队是从结冰的江面，踏着被冻硬的将士身体，走着进入四川境的。

冰封金沙江！一定是石达开平生仅见，也是我们从史料里发现的唯一一次记载。

在民国版《巧家县志·旌扬》里，我发现有几组有名有姓的死难者名单，一共55人，均为"殉节"的女性，她们绝大多数已经结婚，死亡的时间一律是同治元年冬十月（1862年年底），这恰好是石达开部途经巧家县挥师横江镇的时间。光绪十年（1884年），这批死难的女性都入祀本县节孝祠①。志书里没有描写任何一个人的死亡细节，但可以想象，大军压境，给百姓尤其是女性带来了多么巨大的恐慌……

记得是2018年冬季，我来到米易县一带从事太平军的田野调查，在宽阔的安宁河河谷田畴之间，见到了怒放的腊梅花。

空气里飞舞着若有若无的雨丝，雨丝入地即干，所以地面上看不出空中云雨的温存，地面凝聚一层薄得不易看见只能用手指触及的润。我在逆风里行走，直到自己突然折断。像一支长得太高的蜀葵。

我走到一个拐角，与腊梅花的冷香迎面相撞。那里有一大丛花树，一直在冷风里簌簌落叶。风不像是来自外部，倒像是从叶片下斜飞而出，是树叶飘动而扇起了那股冷意。黄叶的美不亚于一旁同样派发落叶的银杏。两种黄叶不同，腊梅花叶片上有一层绒毛，顺之则滑，逆之则毛起。

枝条上还有没有落尽的梅花果。腊梅树是在春天结果，果子在成熟前是绿色，要到成熟后才变成灰褐色，呈橄榄状，有四五

---

① 《昭通旧志汇编》，云南人民出版社2006年5月版，第624页。

厘米长。冬季的果子已经变成灰黑，像是梅花的眼睛。果子早已干缩，里有很多枚种子，没有果肉。一般而言，没有经过修枝的腊梅树结出果子属于常见现象。腊梅果、树干、树叶均含有一种叫夹竹桃苷的有毒物质，而腊梅果种子称"土巴豆"，有微毒，败火，可做泻药。

这花，让人想起昔日盛开在南京翼王府的红梅花。当年石达开是否有这样的联想呢？他曾经在广西题写的一副对联是：

> 梅到瘦来无伪骨，朗抱相与兰室契。

他借梅花以自喻，梅花与人融为一体，把自己的身世之感，含蕴其中，寄托遥深。无伪骨。

在黄叶与腊梅果、深色的枝条之间，可见黄豆大小的花蕾。花未放，但刹不住车的香气，却是急不可耐地逸出了。落叶的速度与花香打开的程度成正比。当落叶殆尽，腊梅花的金发在空气里颤抖，就像尤奈斯库笔下的"秃头歌女"。而我，成为了歌女昔日的情人。

这天是农历十月廿五，阳历 12 月 2 日。腊梅花未能彻底登枝，但香气已经将空气撩拨开，周围白蜡蜡的雾开始退却出一袭裙摆抡圆的位置。那是梅树豹变的姿势。真好。

晚上，明月朗照下的安宁河，月光与水流互为辽远。那一树的腊梅花，让人感觉到是月光催开了花朵，月光从梅花的内部一点一点外翻出来。月光混有梅香，月光为香赋形，无声无息，一派凛然。

> 看花，无伪骨。看竹，无矫饰；
> 长啸，舒块垒。长歌，张胸臆。

"挂榜"的地名学

　　米易为三皇五帝中第二大帝——颛顼的诞生之地，古称迷易，易为古"阳"字，按简体字写法，可以写作"迷阳"。西汉时安宁河东属会无县，河西属邛都县。元设定昌路，明置千户所，清设巡检司，民国改分州、分县，1935年撤分县设区。1951年建迷易县，后改米易。此地历来为多民族杂居区，彝族势力无疑最为显赫，在米易历史上存在了相当长的一个时期的土司制度，就是以彝族为主当政的时代。在《米易县志》和《米易民族志》上都有记载的彝族人物阿吉撒加，生于元朝，为元朝普济州土司。明洪武十八年（1385年）归附明朝，赐封土知州。其任期内，因配合明军讨伐领地内布朗族酋长反叛有功，晋升为正五品，封远靖侯。明朝永乐元年（1403年）改封为普济州世袭长官司，为普济长官司一世祖。其子阿吉戈布世袭时，明廷赐封汉名吉天相，从此到1950年米易县解放时，其后裔世袭土司36代、传后裔28代。现在，普威等地尚有吉土司的衙门遗址遗迹存在，在米易流传着有关吉土司的诸多趣闻轶事……

张联辰是米易彝族史和土司文化史上的另一显赫人物。他是威龙张氏土司的一世祖，自他开始，张氏职任威龙州长官司共历10代13任。在他权力运行期间大兴土木，在威龙村的半山上兴建了颇为气派的"世袭威龙州长官司衙门"，奠定了张氏土司的牢固根基，他也是大规模兴建张氏土司家族陵园的人。其后威龙州第六代土司张在公任职长达39年之久，更是张氏家族里职任长官司历时最长的。

1862年冬季，太平天国翼王石达开的先头部队赖裕新所率中旗4万余人，于云南巧家米粮坝渡过金沙江，进入安宁河流域。张在公决心螳臂当车，他与赖裕新进行了面对面交战。久经沙场的赖裕新在一个回合之间，就砍去张在公一臂，张在公拖着皮肉相连的胳膊，于是"挂膀"而逃……因此当地有这样的传说：地名"挂榜"因其而来。

西方画家笔下的太平天国。

关于"挂榜"还有一说：元至元十五年（1278年），开始在此设威龙州，将其纳入朝廷管辖。此后相当长一段时期，叛乱不断，此消彼长。清顺治四年（1647年），负责监辖此地的姜州堡土主庙外游击张宏养平叛后，在途经的要隘——打劫地，遭支持叛乱的土番巨型土台炮的袭击，一只手膀被炸飞到攀枝花树上挂起（一说被挂在马背上；当然，也有种说法是当地有家高中榜眼），故名挂膀，后因"膀"与"榜"谐音，便将此地唤作"挂榜"。张宏养的后人因其平叛殉职有功，世袭威龙州长官司。

石达开到达德昌、西昌以前，清朝官吏和地主豪绅一面准备仓惶逃走，一面大肆造谣说："太平军所到之处，烧杀抢掠，无所不为，连他们的战马都是以人的肚腹为槽，以人血为饮料的。"

1862年年底，石达开率领中军主力横渡金沙江后，经会东、会理进入米易县。他不想大动干戈，此前分别派出人员给米易地区普济州吉氏土司、威龙州张氏土司等头人送去《讨清灭妖光复天国》檄文和其军师钱江的信札，第一，是表明太平军只是路过此地，要求互不相扰；第二，是希望联合当地土司力量共同反清。

先礼后兵，有礼有节。

1940年代，德昌编修《县志》时，昌州土司禄氏曾出示太平军致他家的一份文告，大意是："满清异族，荼毒中华，以故天王援举义师，大张挞伐。天兵纪律之师，望所到之处，约束所属百姓，切勿听信谣言，滋生事端。"同时，太平军也以实际行动驳斥了清朝官吏和地土豪绅的谣言。所以在太平军路过时，有的土司便没有出来干扰。太平军走过之后，一些土司也没有听清朝官吏之命令率部追击。

如今在《威龙州长官史略·家书手册》中，还可以看到太平军檄文的主要内容："恳请同为合兵。悉台端凤裕，智勇超群。吾侪兴师倡议，于兹十余载，愿共奋志图功，勤王报国，洵谓良臣。祈面酌军，无忧子发，或容借道北上，宽容义举，企翘之殷，祈复切谢。"

但普济州第二十七代土司吉时雨断然拒绝了石达开的联合倡议，还将其所送檄文和信札一并呈送四川总督骆秉章。同时转告辖区土司力量加紧调配兵力，加强训练，沿途防堵。

石达开部未到普济州辖区，而是渡过安宁河后从威龙州辖区经过，继续北上。在挂榜，遭到了威龙州第七代土司张在公的伏击。史载，同治二年（1863年）1月8日，石达开先锋部队刚进入挂榜，就受到了早埋伏在龙滩的土司武装的土炮猛烈轰击。太平军临战不乱，打败了张土司部。后清军团练和吉氏增援力量到达以后，于2月4日在此展开激战。这次战斗持续了整整5天，直到2月9日才以太平军的胜利而告终。战斗双方均有损伤，太平军死亡数百人，清军团练、土司部队也伤亡惨重，仅张在公部属死亡士卒有名可查的就达135人。迷易监生何开泰、张以德、陆德起等也死于这场战斗。

据说，在当地一个叫做"叫花岩"的乱石丛中尚有一门太平军留下的土炮，摇得动，却拔不出来。

石达开取得胜利后，当即将威龙州衙门的财物尽数收缴，并放火烧毁了衙署。据《威龙州长官史略·家书手册》记载，土司的号纸、叙功牌、核册、关防、钤记、行知等各种文档以及贵重书、画、文物全部失落。龙滩古战场遗址曾为县水泥砖厂所在地，德昌到盐源县的公路横穿遗址而过，建筑面积4000平方米，区域东西长约 800 米，南北宽约 400 米。

石达开部在此逗留期间，竭力弘扬太平天国的主张，动员当地民众大力反清。石达开还借机走访了挂榜的一些名人雅士，畅谈反清抱负。他在紫霞塾堂，曾写下了这样的一首"别友诗"：

紫霞塾堂是文渊，安邦治国育其贤。

赴蓉返滇山河变，重与塾师漫谈天。

诗歌赠与当地私塾先生彭锡庆（清扬）。诗中对未来北上之路充满豪情。但诗韵欠妥，诗格也不高，估计是伪诗。他在米易留下的这首诗，被彭家三代人一直保留到"文革"期间，后被造反派付之一炬。前些年有人从彭家后人珍藏的手抄本中获得此诗，刊载于米易县档案馆资料中。

石达开部离开后，清廷斥资重建了威龙州土司衙门，张氏土司被皇帝赏赐蓝翎，敕封为建昌镇标暨宁远府西昌县世袭威龙州，军功晋升三级，还专门赠送了一块题有"江左名家"的巨匾。吉氏土司获得清廷白银 4000 两的奖赏。

石达开挥师锋指向北，随即占领了冕宁县。为什么他不选择石棉—汉源—荥经—雅安这条大路进攻成都，反而要走安顺场—泸定这条小道？历史留给了我们无数谜团。可以揣想的是，莫非他审时度势，已经放弃了攻打成都的初衷，并重新萌发了"割据一地，隐居山林"的念头？

实事求是地说，即便石达开渡过了大渡河，以当时翼殿麾下的军事实力，也绝对无法完成攻占成都、割据四川的夙愿。

西昌樟木箐往事

樟木箐地处安宁河沿岸，距离西昌城大约 40 华里。这里是西昌市政府着力打造的"中国乡村游"经典景区。每年二三月，樟木箐乡漫山遍野的樱桃花，总能吸引一大波游客前去赏花。

据资料记载：大清嘉庆初年，西昌安土司和冷土司发生龃龉，进而"打冤家"。安土司曾放言："我打赢对方的话，就在樟木修建一座观音寺庙。"后来安土司果然打赢了冷土司，为兑现承诺，于大清嘉庆三年（1798 年），安土司就在茅坡脚下修建起观音阁。建筑金碧辉煌，内墙上绘有安土司母亲的画像。

翼殿太平军离德昌后即分兵两路进入西昌境内。李旭之《愿为英雄恸哭一场——石达开小传》指出："一路出黄连关行经大箐，一路出河西直趋樟木箐。主力部队都是沿安宁河西岸北上，先头部队全是骑兵，昼夜兼程。有的一个人就牵了两匹马，一匹骑乏了，立即跨上另一匹。"

据民国《西昌县志·兵寇志》记载，石达开的部队于 1863 年"3 月 14 日至河西，15 日抵樟木箐驻扎，纵横 20 余里。16 日官兵渡安宁河与战失利，18 日官兵大败"。

纵横20里的翼殿军队，是何等气势。石达开在樟木箐的观音阁居住了一个多月。据说，他的妻妾在观音阁生小孩难产，还请樟木街上肖志昌的老爷（老中医）予以医治，最后痊愈了。在观音阁期间，石达开曾在寺庙内一大鼓上作诗一首："大道易有道，诗书所不屑。黄金如粪土，胆肝硬如铁。策马渡悬崖，弯弓射胡月。人头作酒杯，饮尽仇雠血。"

　　"文化大革命"前，西昌地区博物馆曾将大鼓上的诗词复制下来保留至今。"文化大革命"破"四旧"的活动中，"红卫兵"来到观音阁破"四旧"，将塑像菩萨全部打掉，石达开写有诗词的大鼓用刀砍烂，再用火烧掉。

太平天国士兵所用兵器。

　　这些传闻，虚虚实实，起码这首诗绝不是石达开所写。

　　石达开驻扎樟木箐期间，曾向当地人士征询进军路线。士人赖由诚献策："欲取成都，必越大渡河。"而趋大渡河边之路线有两条：一为大道，经越嶲、海棠，直到大渡河边的大树堡。这是赖裕新进军路线；二是小径，经冕宁、大桥、拖乌、铁宰宰，直到大渡河边的紫打地。大路略远但平坦，小路略近却险窄。

石达开考虑，赖裕新所率领的中旗队伍走的是大路，沿途清军与彝兵必然有所防备，小路虽然险窄，然设防必定薄弱。遂决定，行小路出奇兵以趋紫打地，冲过大渡河。

1863年4月末，石达开带领部队从樟木箐出发，经冕宁，直奔越巂。越巂是一个彝、汉杂居的地方，地势险要，土司的武装也不容小视，所以他事先送礼给彝族土司岭承恩和王应元，求他们让道……

值得一说的，是"翼王桃"。

2014年夏季，我去西昌登门拜访过张正宁先生。他在《凉山历史上的"长毛乱"》里指出：

相传，太平军驻在樟木箐时，有个姓周的铁匠去找翼王石达开，要求参加太平军。石达开见他虎背熊腰，黑脸膛上露出几分豪气，不由得暗中欢喜。石达开问周铁匠有啥本事，他说："在下世代打铁习武，对付二三十人不在话下。"翼王又问他："你打铁的手艺如何？"周铁匠说："不瞒翼王，我打的砍刀削铁如泥，是祖传的绝技，若不信可以一试。"说着便从腰间抽出一把雪亮的砍刀来，要当众演示。石达开笑呵呵地走上前来，把周铁匠的肩膀一拍说："不用试了，从今日起你就在我身边，做我的侍卫。"

太平军在樟木箐驻了几天后，朝着冕宁去了。从那阵起周铁匠背一把大砍刀，随在石达开的鞍前马后，对石达开忠心耿耿。在强渡大渡河的战斗中，杀死不少清兵。太平军几次渡河不成，弹尽粮绝，陷入绝境。这天夜里，石达开从竹箱里拿出8个又红又大的桃子来，塞给周铁匠说："趁天还未亮，赶紧走吧，回樟木箐打你的铁。这桃子是我从老家广西贵县带在身边解口渴的，你带在路上吃。"

周铁匠含着眼泪接过桃子，死里逃生回到樟木箐。桃子已经蔫了，他把它一颗颗种在后园里，照旧打他的铁。翼王石达开虽然被清政府杀害了，周铁匠种下的那八棵桃树却长得根深叶茂，春来桃花盛开，秋至果实累累。桃子又香又甜，鲜红的果皮，淡黄色的果肉，着实惹人喜爱。从此，人们便把这桃子称作"翼王桃"。周铁匠的手艺也一代代传下来，所以至今樟木箐的菜刀很有名，就是这个道理。①

泸沽全景（中国工农红军强渡大渡河纪念馆馆藏）。

流传在樟木箐一带的另外传闻是：石达开率太平军士兵从云南入川时，有的士兵带了一些桃子在路上吃，到樟木箐后士兵住

---

① 文章见凉山文联官网。

在禹王宫。石达开发动士兵将桃核捡来种在樟木箐背后的丘陵村茅坡山上。后来种子长成大树，分为离核黄杏桃和粘核黄杏桃两个品种。离核黄杏桃 7 月上旬成熟就可以吃，粘核黄杏桃果实果皮黄色，果肉似鸡油，有清香味，果肉有弹性且耐储藏运输，可储藏 15 天左右，是做罐头的好原料。黄杏桃又称"禹王桃"（翼王桃），是一个优良的地方良种，闻名州内外。很多地方前来引种回去嫁接都以失败而告终，只有在丘陵村栽种的长势良好。

1958 年西昌地委把丘陵村作为发展黄杏桃的花果山来建造，派地区政法系统 20 多名下放干部到该村劳动，抓花果山建设。1960 年他们用飞机托运一箱黄杏桃到北京，"请毛主席品尝"。后来由于困难时期受极左路线的影响，黄杏桃没有发展起来。

樟木箐乡有江西会馆，还有黑神庙黔人会馆。"黔"训黑故曰黑神。这些会馆，均说明樟木箐乡有不少外来移民，其中也不乏太平军后裔。

西昌一带还有"姑姑堰的传说"。

石达开被擒后，他的 7 个美貌妻子不顾生死，历尽艰辛逃到西昌尔乌山的老林中，为了躲避官府的追查，隐姓埋名，开荒种地，自食其力，并且开了一条堰沟，用作灌溉。后来，她们死了，人们却不知道她们的姓名。一百多年过去了，这条清冽的堰沟仍然从尔乌山流向川兴坝子，浇灌着民和、新农一大片农田，然后汇入邛海。为了纪念她们的功绩，人们便把这条堰沟取名"姑姑堰"。

张正宁先生认为，"从这些传说中，我们可以看出凉山历史上'长毛乱'其影响是深远的，耐人寻味的，石达开活在人们心中。"

赖裕新与清溪峡

清溪古道

1857 年 5 月，翼王石达开对洪秀全集团感到极度绝望，尤其是母亲被韦昌辉屠杀，他的愤怒被彻底点燃了。他出走天京，回到安庆大本营。尽管洪秀全急忙将洪仁发、洪仁达两位兄长的王爵废除，并送上"义王金牌"匾额与群臣"求情表"，希望石达开回心转意，可石达开不为所动。尽管李秀成《自述书》中提及，石达开出走时带走"合朝文武，精兵悍将"，只留下一些老弱病残，这并不符合情理。当时有很多将领拒绝了石达开的部署，纷纷率领部队回到天京。真正铁了心追随石达开的，其中就有赖裕新。

赖裕新（？—1863 年），广西浔州人，太平天国将领，石达开远征军中后期著名的军事统帅，历任翼殿左贰十七检点、天台左宰辅、大军略等职。他早年团营金田，参加革命，初不甚闻名，1855 年秋后随翼王经略江西，并攻克瑞州府城，坚守一年有余。1857 年夏季，石达开受天王洪秀全猜忌被迫离开，裕新从随翼王万里远征。1860 年 6 月，20 万大军脱离，东归天京，裕新抵死不离，和翼王患难与共。这年的 10 月，从广西横州冲出兼程北上进入四川。由于敌军严密防守长江天险，翼王决定分兵吸引防守清军。裕新率领中旗先行北上，以及回攻川东的李福猷，两支牵制部队都发挥了极大的作用，使得翼王得以兵不血刃突破长江防线，对翼王开拓西南贡献颇大。

1859 年年初，石达开在江西南安府整顿军队，把翼殿部属分为五军，即前、后、左、右、中五旗，中旗就由赖裕新率领。由于作战勇猛，他被清军称为"赖逆凶恶，为诸贼冠"，"赖裕新为翼王石达开骁将，诨号赖剥皮，最勇悍"。"赖剥皮"这个名字，频频出现在总督骆秉章的奏折中。

1862 年 9 月底，石达开在川黔边境的东溪镇（今重庆市綦江区）召开会议，确定了"三路奇袭成都"的计划，即分兵三路，由赖裕新、李福猷各领一路，分两路从贵州绕道云南，以赖部为先锋，设法抢渡金沙江；石达开自领主力为一路，仍从叙府以南地区进军，约期在金沙江以北的木川司（今四川省沐川县）会合，合力共取成都。

让人念念不忘的人，也是切齿痛恨之人，说明他一定具有过人之能。

太平天国学者崔之清的《太平天国战争全史》中指出：1863年 3 月 23 日，"清军利用地形条件，命土司岭承恩率领绕至太平军必经的小相岭白沙沟设伏。次日，赖军进入白沙沟，清军将预置的滚木礌石推下，大败太平军。赖裕新及统领萧某、袁某阵亡，部队由此丧失领导核心。"学者冯一下在《赖裕新与石达开"中旗"的战斗历程》一文里，引用了崔之清的观点，说赖裕新是在小相岭的白沙沟被滚木击中而身亡。

一些学者们似乎没有进行过深度田野调查，而是根据相互传抄的史料，就认为中旗军被伏击地点在越巂县以南约 50 华里的小相岭，而小相岭是越巂县和喜德县的界山。

从汉源县大湾村方向进入清溪峡。（蒋蓝／摄）

著名学者罗尔纲在其《太平天国史》卷七十六中写道："十一日（1863 年 3 月 23 日）四更，从中所坝场进向越巂厅城，火炬遍山，旌旗如林，风驰电卷，趋绕教场而东。这一夜，宿营王家屯。先是土司岭承恩奉越巂厅檄带彝兵来救，驻所厅北九十里的腊关顶，安设滚木礌石。此处山势峭削，左壁右岩，羊肠一线，下为白沙沟，是一个路险而逼仄的地带。第二天，赖裕新率军至。岭承恩窥伺得间，急发滚木礌石下击，赖裕新被土司彝兵击中牺牲。"由此可以发现，罗尔纲认为中旗军是在越巂县以北 90 华里的白沙沟被彝兵伏击的。

这里就出现了两种观点：一个说法在白沙沟（或写作百沙沟）位于越巂县以南，一个说法在越巂县之北，可谓南辕北辙。查阅现在的越西县、喜德县、甘洛县的地名录，并没有白沙沟这一名字。

还有一种观点，出自民国《汉源县志》，其中提到"达开先锋赖裕新，俗呼赖剥皮，被猓夷滚木礌石毙于越巂深沟"，说赖裕新被伏击的地点在深沟，深沟也就是今天的汉源县河南乡大湾村通达甘洛县坪坝之间的清溪峡。

至少在3000年前，古蜀王朝从成都通达天竺的"蜀身毒道"及灵关道，这些都是官道，也必须经过清溪峡。

清溪峡为南北走向，在甘洛县境内有8个驿站，全长48千米，站距为5千米，南起甘洛县坪坝乡政府驻地，北至汉源县的大湾。两侧连绵起伏，依次排列有6座海拔3000多米的山峰；清溪古道沿峡底溪沟贯穿而过。古道上有5座古朴的小桥，其化岗石路面因多年驮马踏踩，

甘洛县海棠古镇古城门。

蹄印深达一尺，峡中有古代护路兵勇住房和庙宇遗址。在这一带，流传着一首驿夫的古歌谣，至今听起来仍是历久弥新："大树李子晒经关，白马抬头望河南；河南站，吃杆烟，八里

平夷到大湾；一进深沟五洞桥，坪坝窑厂双马槽；尖岔（茶）陡坡到海棠……""要吃饭，河南站；要吃酒，海棠有；要吃鸡，到正西……"

钟骏声（1833 年—?），字雨辰，号亦溪，仁和（今浙江杭州）人。咸丰戊午举人，咸丰十年（1860 年）状元。授翰林院修撰，掌修国史，屡掌文衡。咸丰十一年，出任顺天乡试同考官《越嶲厅全志》中收录了钟骏声诗歌 6 首，是他在四川学政任期三年中一次赴宁远府（西昌）公干的真实记录，清溪峡在他笔下呈现出一派苍茫之景：

> 破寺撑危峡，僧归磬一鸣。
>
> 涧水时滚雪，人语不闻声。
>
> 古佛黯然坐，群山相向迎。
>
> 下轿思小憩，微雨促登程。

这首《飞来寺》所描述的危峡场景，就是古灵关道上著名的清溪峡。中唐时节，鉴于南诏不断通过清溪峡而入侵成都平原，西川节度使韦皋在峡中设置清溪关，以往无名的深沟从而得名清溪峡。地处汉源县河南乡通往甘洛坪坝乡境内，南北长 5 公里。峡内草木丰茂、流水淙淙，古庙宇遗址、古兵站遗址、石桥、马道、天星眼、飞观音、断头崖等系列景观，以及两侧 6 座 3000 米以上的峻岭，凸显自然和历史对撞生成的神韵。

穿峡而过的灵关古道清溪峡段，是国内仅存的年代最久远、保存最完整、路程最长、马蹄印最深的古代青石板路，为国家重要文化线路保护路段。

在大湾一带，明代官军曾一次在这里屠杀夷民上万人，河水尽赤，所以当地人又把深沟里的清溪称"宰倮河"。深沟以南，且为无人区。

2021年3月的一个下午，郭朝林、张永承陪同我进入清溪峡。此地海拔2000米左右，古道有些地方仅容一人通过，两侧的山坡坡度在七八十度，根本无从攀援，也无处藏身。走着走着就发现山谷里飘起了细碎的雪花。沟中蜿蜒曲折的石板路，一部分尚保持原始古貌，石板上或苍苔漫漶，或被荨麻、荒草和荆棘掩盖，沿途难见行人。经历汶川大地震后，至今仍可以见到山岩垮塌的痕迹。一路风景秀美、奇峻而清幽，刀砍斧削的峡谷披翠挂绿，裸露出的岩石也被鸢尾花、野草与青苔覆盖，在一线天光下更是满目苍青。

清溪峡口处的古风雨廊桥。（蒋蓝／摄）

越往沟里走，越感到路陡石滑、杂树气根拦路，逐渐体验到那种"夜雨晴原好，山云晓未开。悬岩惊落石，涧水响奔雷。唬鸟避人去，野猿张臂来。敢辞行役苦，匝月计程回"的艰辛。小道两侧有遍布无边的危岩孤石，大到上百吨，小的两三百斤。峰回路转，来到峡谷里唯一的一个狭长形的河谷平坝，那里有一座古代的石拱桥横跨深沟溪流，此地应该是唐朝设立的古清溪关所在地，因为整条沟里，已经没有第二个坝子了。我在寻访当中，能领略到"因守雄关罢远征，椎牛醨酒气纵横。滔滔溪水因何事，尚作空山战鼓声"的威镇雄关豪情。

更让我进一步揣想：赖裕新那4万太平军的多舛命运。

1862年12月31日，金沙江上寒气如刀。先锋中旗赖裕新率众数万余人，从云南昭通米粮坝顺利渡过金沙江，进入四川宁远府境（今凉山彝族自治州）。次年春，赖裕新在会理、西昌一带盘桓。当他终于得知石达开主力从云南渡过金沙江之后，为调动清军，策应石达开，他立即展开了行动。骆秉章的奏稿指出：赖裕新"自宁远（西昌）冒险内窜……此次中旗败匪足不停趾，昼夜狂奔。"

石达开兵分几路推进四川的策略是成功的。清军就错将赖裕新的中旗部队（实为余部）当成了石达开主力，"诸军相率尾追"，直到接到宁远府清军战败的报告，才知道石达开早已渡过金沙江了。

从西昌北上抵达大渡河的道路，只有两条：一是越嶲大道，一是冕宁小道。据《越嶲厅全志》所记载，赖裕新率中旗从炒米关、中所坝场进向越嶲厅城，并宿营于王家屯（新民镇）。《汉源县志》记载："其溃兵突过大渡河，无一兵阻隔，至文武坡始遇各乡团练，时二月十六也，因众寡不敌，乡团阵亡百余人，余团败退后山，败兵至汉源驻扎一日。"这些地名均是越嶲大道上的小地名。这充分说明赖裕新率领的中旗走的是越嶲大道，而这条大道就是古蜀身毒道，是几千年来都不曾变更的线路，经过的点位是：泸沽、冕山所（冕山）、通相营（登相荣）、九盘营、小相岭、小哨、炒米关、中所、越嶲、天王坡（天皇岗）、青岗关、利济驿（保安村）、梅子岭（梅花）、寮叶坪（旧寮坪）、腊梅营、清水塘、镇西（正西）、海棠、窑厂、坪坝、深沟（清溪峡）、大湾、河南相、白马堡、晒经关、大树堡、临河堡、大渡河。①

清溪峡中，唐朝西川节度使韦皋建立清溪关所在地，有残存古桥一座。（蒋蓝／摄）

---

① 原文见佚名著《探寻太平军石达开手下悍将赖裕新被伏击之处》。

郭朝林对我解释，其中的临河堡，为古渡口，位于汉源县大渡河南岸，民间俗称"迎合堡"，属于原汉源县桂贤乡迎政村。4年前，撤销桂贤乡并入大树镇，所以临河堡属于今大树镇辖。

赖裕新率队向前疾走，沿路提前侦察就谈不上了。1863 年 1 月 21 日，他们在冕山一带遭到清军袭击，受到重挫。

1 月 24 日，不愿恋战的赖裕新奋力疾走，他们由海棠经坪坝进入了深沟。等待他们的，是彝族土司岭承恩修筑多日的死亡埋伏圈。

这个埋伏圈，在深沟里的一段羊肠小道之上，是坡度极大的地段。

"古道与白沙河只相汇于梅花乡者波村，总长度约为短短的2.2公里，并且此处适合设置伏击的地形，因此可以确定当年石达开中旗军遭到岭承恩土司夷兵礌石滚木伏击的地点为：越西县梅花乡者波村东侧的白沙河悬崖边。赖裕新丧命于此。"① 这一地缘判断，合情合理。

白沙沟。(甘洛县文管所／提供)

---

① 原文见佚名著《探寻太平军石达开手下悍将赖裕新被伏击之处》。

得到密报，几万太平军已经进入深沟。这时山上的觇觎者注意到，前面的骑兵队蛇行而过，后面跟来的人渐渐少了，加上太平军行军中又有间隔，他们决定动手了。土司岭承恩早已经安排士兵在山上的陡壁间钉上木桩，系上牛皮条、藤子和绳索，沿着陡壁放上长达数百米的滚木和礌石阵。他算定，这条通往汉源县的官道，石达开多半会经过此处。

现在没有等到翼王，等到的却是赖裕新。

岭承恩下令，将皮条、藤子、绳索砍断，滚木礌石从几十丈高的陡坡滚下，这是一连串的惊雷，兜头盖脸！小路两侧没有躲闪之处，正在行军的太平军猝不及防，有的立即被打死，有的被打伤，当时牺牲的有数百人。可叹的是，赖裕新及萧姓统领、袁姓将领猝中飞石，被砸成肉饼！

未进埋伏圈的少数太平军战士因受滚木礌石的威胁，不能再越过深沟；而已过了埋伏圈的战士，由于不熟悉道路，不能再沿陡坡前进。部队彻底被拦腰斩断。

这次太平军在深沟的伤亡相当惨重。除了牺牲的以外，还有上百人身受重伤，就集中到深沟的岩洞里休息。后来被清军发现，于是发起进攻。太平军伤员们坚持反击，终因伤势过重，又断绝粮食，很多被困在洞中，直到被活活饿死。几天之内，当地群众还能听到呻吟声……

赖裕新牺牲后，余部由旗帅郑永和率领强行突围，闯过清溪峡后于 3 月 31 日在大树堡击破地方团练的阻击，并以一家布店的布匹连接船只充作一座浮桥，从银合堡至炒米岗（关）之间北渡大渡河。渡到一半人马时，清军派出水手潜泳到浮桥下，将布条割断，造成渡河太平军受阻，许多士兵坠河死亡。但最后绝大部分太平军还是渡过了大渡河。4月5日，余部绕过了清溪县城，翻越大相岭，突然进占荥经县。4月9日，他们进占天全县。15日，进入邛州高家场。到此，再度被穷追不舍的重庆镇总兵唐友耕连环猛击，只好向大邑、崇庆、温江方向撤退……

这是石达开军队，最为接近梦中大城成都的一批人马。

而后，赖裕新余部又在步步紧逼的清军追击之下，被迫改变原定经峨眉、乐山，策应主力进取成都的计划，改经什邡、德阳、罗江、绵阳、平武北上以求生。他们最后经过甘肃文县的碧口，折入陕西后，抵达汉中，与太平天国扶王陈得才会合，继续坚持游击战。

5个月以后，已经被清军俘虏的石达开一行，从现在的石棉县回龙乡经竹马垭口（现竹马村），抵达甘洛海棠镇，再取道坪坝而进入深沟，准备去往大渡河边的杨泗营。透过成片的鸢尾花丛，石达开一定嗅到了那一股在深沟里回荡不去的死亡味道！

清代《清溪县志》有"九口十八营"一说，其中包含"杨泗营"。杨泗营的杨泗，《汉源县地名录》指出，这是明初的一位将军。

清溪古道青石板上的马蹄印，凹痕深陷。

有一个叫"杨泗"的湖南长沙人，元末参加了红巾农民起义军，并成为一个带兵的将帅。杨泗就曾带兵驻守在湖北麻城县北部大山的兵寨中，此寨就叫"杨泗寨"（位于今天麻城市乘马岗镇境内）。后来他随红巾军将领明玉珍入川，转战川陕各地。杨泗善水战，常疏通河道，兴修水利，给老百姓生产生活带来了利益，深受老百姓爱戴。汉源县老县城大渡河与流沙河交汇处，有一个叫"杨泗营"的地方。那是洪武四年后，朱元璋调用了明玉珍旧部，杨泗被安置在这里进行"军屯"。

历史往往充满了吊诡。

石达开的生存观是"生不害义"，死亡观是"杀身成仁""舍命救三军"，这恰恰与儒家"以天下为己任"的入世主义生死观是相通的。这也是石达开被后世视为儒家典范的最深切原因——一个清政权的反抗者，反而成为了儒家正义的烈士！实事求是而论，他才是"虽千万人吾往矣"的实践者。

赖裕新余部在荥经县

清末光绪年间朱启宇编的《荥经县乡土志》一书，仅有 1 万多字，但记载从夏商时期至清光绪三十二年（1906 年），分历史、人类、户口、氏族、宗教、实业、地理、古迹、祠庙、坊表等部分。以历史最为详备，地埋、古迹次之。历史分政绩录、兵事录、耆旧录等，其中兵事录记载了咸丰年间蓝大顺、李永和等人起义攻入荥经，太平天国石达开撤退途经荥经等史料。此书为研究荥经的历史、地理、政治、军事等问题提供了重要的文献资料。

民国版《荥经县志》之"人物志篇",收录了朱启宇简介:"朱启宇,字芙舟,光绪初贡。不乐进士,以讲学著述为事。著有《荥经乡土志》四卷,诗文集若干卷,尚未梓行。为文以清真雅正为主。造就人才,知名邑人黄汝鉴、谭创之、姜树文等,皆出其门。"

根据该书《兵事录》记载,中旗赖裕新余部在途经荥经县发生战斗的过程,我概述如下:

同治二年二月十九日,广东匪徒中旗赖裕新一股突然入侵荥经县境,民间却误传是桂华二营溃败的士兵来袭,当时城中的男女均未逃走。芦山协和团有七八百人来到荥经,旗帜和武装虽然是新的,但实际上与乌合之众无异,他们也分散驻扎在城内外。只有周弁、高发带着五十个兵勇在鹿背顶(城西十三里),很快斩杀了敌人的几个前锋。敌人被击退,暗中兵分两翼,一队走荥经河边,一队行山路,最后形成围攻之势,人马不计其数,可惜的是周弁还不知道。县中的兵马到了古城坪,远远看见了围攻的太平军,马上通知了周弁。周弁就率军慢慢退到鹿角坝,才策马飞奔进城,于是大声呼喊:"你们赶快逃跑,他们是太平军,不是溃败的兵勇。"后面有剽悍的几个敌人,正在飞马追赶周弁。周弁到了县衙,叫县令孙公一同赶快离开。但孙公不走,转向南门。太平军一直追出东门章公渡,没有抓住官府之人,才回马从西门而出。过了一些时候,官府大队人马才进入城内,男男女女得以逃脱,而孙公也得以保全。大概是周弁敢凭借五十人进城与敌人作战,敌人害怕城内有重兵把守,就追赶周弁以探虚实,探明才敢前进。

由于协和团没有进城，因而被太平军杀死的有很多。又追杀到大屯坝青木漩（在城北十里），满路都是被杀者的尸体，来不及逃跑的男女，多数惨遭杀戮。真是惨不忍睹！二月二十二日，太平军焚烧了城外的西街，仍从鸦子口进入天全县境。

从这些记录来看，匆忙组织起来的民团武装近乎乌合之

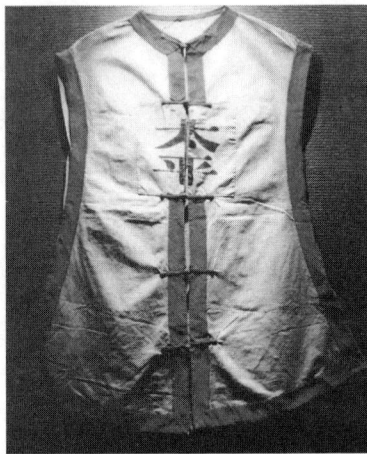

太平天国士兵服装。

众。不过区区 50 个兵勇如何可以驱散太平军？而抵达荥经县的太平军人数至多只有一二千人，加之人生地不熟，因而战斗起来颇有顾忌。该书特别提到，"三月中旬，官兵追至平武县，连破之。仅余贼百余，逃入深山中，而赖逆一股尽矣。"①

但事实并非如此。

海棠古镇蒋家大院

2021 年 4 月的一天，我特意来到甘洛海棠古镇走访。

海棠古镇位于川西海拔 4000 多米的马鞍山下的海拔 2000 米处。走在海棠东南山的山缘，站在高山台地眺望，贡嘎山、大瓦山、峨眉山、马鞍山尽收眼底。高山云雾缭绕，恍若仙境。

---

① 《荥经县乡土志》，荥经县地方志工作办公室编印，2018 年 12 月版，第 41 页。

海棠古镇有八景，并留有诗为证："晴明南水渡碧流，昆季松荫客题秋，龙泉晚馨惊后悔，大佛晨钟勉前修，世兮飞鸾驱竹马，云中返辔明犀牛，龟蛇紧守尊武座，雨雾凉峰不自愁。"

此地是南方丝绸之路在甘洛境内的又一个重要节点。之所以"海棠"作为地名，一个说法是因海棠城郭形似海棠叶；另一说法是因为当地人爱种海棠花。无论哪种说法，海棠古镇与海棠花都有着不解之缘。

过去，这里曾因庙宇众多，而被称为成都出南门外的第一座庙林古城。这个鲜为人知的小镇，有着2000多年的历史，远古时主要居住着越巂羌和笮人，《蛮书》《贞观使程》称该地为"达士驿"，今彝族人仍称之为"夏达铺"。明嘉靖四年（1525年），观察使胡东皋修筑土城，后倒塌。雍正八年再筑土城开有西、北两门，古镇初具规模。道光十八年（1838年），修筑砖石城墙，开东、西、北三门，现北门保存较好，城周约400米古城墙尚依稀可辨。

甘洛县级重点保护文物——海棠镇明代"将源"石刻，清道光十八年（1838年）修筑的海棠北城门，彰显着雄关漫道的尚武之风，是古镇的第一个看点。

海棠镇北城门。（白玛曲真／供图）

古风犹存的海棠镇木楼，则是古镇的第二个看点。海棠木楼最老的已有数百年历史。这种板壁青瓦模式建筑，临街房屋底层多为商铺，楼上则为客房，为往返于南方丝路上的行客、商旅提供了方便。海棠木楼工艺十分讲究，是典型的建筑艺术品。门窗几乎是镂空的，有的还刻有各种图案；椽子外侧通常雕刻着龙头、兽首。板壁与屋檐之间呈"S"形的木接子，同样是精美的艺术品。海棠木楼，用建筑艺术的美，讲述着海棠古镇曾经有过的繁荣。

1863年初翼殿中旗赖裕新部到达海棠镇，当时的海棠城有驻防清军近三百人，由海棠都司府都司陈世亨指挥。太平军向海棠城逼近，他们也曾在城楼上架设大炮，对准蓼叶坪到海棠的道路，企图炮击太平军。但见太平军队伍浩浩荡荡势不可挡地奔海棠而来，都司陈世亨突然心生怯意，害怕起来，于是匆匆弃城而逃。一位朱姓农民就率领一些贫苦百姓带着太平军在海棠城内四处搜索官府和地主豪绅的粮食财物。太平军在取得粮食和财物后，即将清军营房和一些地主豪绅的房屋纵火烧毁。

海棠镇上，尚有翼王石达开一行居住过的遗址：蒋家大院。

甘洛县海棠古镇蒋家院子。（邱秋／供图）

1863年6月14日，清军将石达开押至越巂重镇海棠关押，然后被押解奔赴省城成都，他们在海棠镇住宿一至两夜，合情合理。但在当地人的传闻里，把此时的石达开与先期占领海棠镇的赖裕新部的很多事情混淆起来，造成张冠李戴，甚至附会出石达开的妻妾在此生儿子的传奇……这些演义只能归结于石达开知名度太高的缘故。

这是一幢一楼一底的普通民房，房子左边有一道木梯通往二楼。从左到右共五间房。房子是蒋家的老宅，当地人称蒋家大院。最初大院并不在这个位置，而是与前面的街房同列。20 世纪 70 年代，当地供销社需要修一个公司，于是把这幢楼房整体拆迁，后来移到现在的位置，房屋的后面就是一段古城墙。虽然后移了，但房子整体格局和框架都没有改变，依然保持着当初的原貌。

在蒋家大院里，石达开被关押处。（白玛曲真／供图）

太平军战士在深沟遭到伏击后，有些人就沿途留下，在当地成家立业，目前越西、西昌、德昌都有他们的后裔。有些流落到了彝区，或投靠于彝族群众，或被奴隶主强迫为奴隶。由于奴隶数量增多，加以太平军战士的激烈反抗，所以有些奴隶主宁愿贱价出卖也不留在家中。一篇文章提到"甚至用一锭银子可以买到三四个'长毛'，一块荞麦粑都可以换回一个来。直到现在，甘洛县坪坝、田坝等地都还有不少'长毛'的后裔。"①

1990年5月出版的《甘洛文史资料选辑》第九辑里，刊有《太平天国石达开部在海棠》一文，说到海棠镇至今还保存着一个叫"叁棺"的坟墓，墓中埋着一家人的先祖苗氏。苗氏是一名从安顺场紫打地逃出来的太平军"女营"士兵，据说她身带巨金，在海棠落户后嫁给了当地丁姓人家，后来出资修筑了一个大院，并在此生子繁衍出一个大家族，直至寿终正寝。而像这样的散落在藏区、彝区的太平军情况，并不是个别现象。

位于海棠镇的"叁棺墓"。（白玛曲真／供图）

---

① 《四川彝族近现代史调查资料选集》（初稿），中国科学院民族研究所、四川少数民族社会历史调查组1963年12月编印，第5页。

值得一说的是，郑永和自川入甘、陕，皆大张翼王之旗，所部亦经百战，加上他气硬，不屑嗟来之食，由此产生不少龃龉……同治三年六月初六日，天京陷落。郑永和得知后心灰意冷，益发无心战事了。延宕至六月廿二日，他率五千人降于荆州将军穆图善。这一结果，是最让人感到唏嘘的。毕竟石达开、赖裕新等人，即便千刀万剐也无一人投降！

　　自此，翼殿几十万直走西南的人马，算是走到了尽头。

　　海棠花儿开，海棠艳过了鲜血。在我眼里，海棠花太过繁华了，似乎与古朴的老镇风格显得不大协调！面对红艳欲滴的海棠，我一直犹豫着，真不敢再细想那不远处的清溪峡……

骆秉章的沙盘作业

清朝历史中，有"九大总督"的说法，分别是湖广总督、直隶总督、闽浙总督、两广总督、两江总督、东三省总督、云贵总督、四川总督和陕甘总督。这九位总督都执掌地方军政大权，且官位都在一、二品之间，地位极高。一般而言，这些总督大员大都是掌管几个省的军政事务，但四川总督只掌握四川一省的军政事务。

很显然，这是由四川这个地方特殊的地域位置及战略地位以及历史宿命决定的。

成都可以算是九朝古都（古蜀、成家国、蜀汉、成汉、谯蜀、前蜀、后蜀、李蜀、大西）政权相继在此建都，但最长的蜀汉政权不过43年，最短的北宋李蜀政权仅仅有四五个月。据统计，从汉代到清代，四川一共树立了14个政权。此中汉代3次，三国1次，魏晋4次，唐代1次，五代十国1次，宋代2次，元代1次，明代1次。从秦代开始，四川一共迸发了中央官员指导的叛逆40次以上，农民起义100次以上……

明末清初，广安书生欧阳直经历了张献忠、清军入川的大浩劫后，在《蜀警录》里提出了他对四川历史的总结："天下未乱蜀先乱，天下已治蜀后治。"此话未必完全准确，但大体总结出蜀地的宿命式气象，验证了蜀地对于统治者的极端重要性。在此基础上，清代官员赵藩为成都武侯祠撰写的"攻心联"进一步提出了治理蜀地的向度："能攻心则反侧自消，自古知兵非好战；不审势即宽严皆误，后来治蜀要深思。"

意思是说，能够运用攻心的策略，就可以使心存反侧、图谋不轨的人自己悄然打消不良念头，所以从古到今懂得用兵征服的人，都不是只喜欢攻战厮杀的人；如果不审度时势，就会失去正确的措施，无论从宽、从严都会铸下大错，因此后来治理西蜀的人都应该引以为戒，认认真真地深思熟虑才是。

实事求是地说，历代总领四川的大员有几人能够做得到?!但晚清四川总督骆秉章及他的接任者丁宝桢，庶几近之!

骆秉章，原名骆俊（1793 年—1867 年 12月 12 日），字吁门，号儒斋，广东花县人。骆秉章入仕时已年近不惑。他为官清廉，一丝不苟，曾为道光帝侍讲学士，享有极高声望。太平军起义后，骆秉章预料太平军将攻入湖南，遂四处募集资金修

《满清将臣图》之骆秉章图。
（晚清吴友如绘）

复长沙城墙，此举令长沙得以保存。此后骆秉章一路追击太平

军，屡立战功，其地位如日中天，与曾国藩相当。他因征战而致眼疾加剧，却只能短暂休假。1867 年，骆秉章卒于成都任上，谥号文忠。

民国版的《清朝野史大观》里有《骆文忠与洪秀全》一文，就记载了一个传闻："骆文忠秉章粤之花县人，洪秀全亦花县人也，故老相传：文忠幼时实与秀全同塾。洪每言我他日长成必造反。文忠曰：'汝造反我必平之。'洪藐之曰：'竖子不足以平我。'文忠曰：'我或不能，亦当举有力以代我。'后果如其言。盖当时中兴名将，出于文忠推荐保者为多云。"这固是传说，但同一籍贯，同饮一地水的人，用了两双迥然各异的手，一个是要掀起黑暗历史的盖头，一个却是要揭开造反者的头盖骨。

在担任四川总督 6 年多之后，骆秉章积劳成疾，同治六年死于成都。成都相传，在骆秉章死之夕，有陨石坠入"子龙塘"。这一传闻不过是印证"巨星陨落"，就在此地建立骆公祠，后改街名为骆公祠街。桐城大家姚鼐从孙姚永朴（1861—1939 年），在《旧闻随笔》记录了骆秉章死时的情形：

公薨时室中止一布帐，麓存百金。询之司会计者，乃知公廉俸所入，多以周穷困之人。尝有廉吏罢官不能自存，为张罗千金，群不知所自来，至是乃知皆出诸囊橐云。公薨于蜀，民罢市缟素，丧车所过，哀音相属，至有以"如丧考妣"四字榜于门者。同官因语嫌国恤禁之。民大呼曰："使公等他日为川督而死，民必不尔！"其功德入人之深，即此可见矣。左文襄公平回疆后，勋望益崇。一日谓人曰："君视我何如骆文忠？"其人对曰："不如也。"文襄曰："何以知之？"曰："到骆公幕府人才有公，公幕府人才乃不复有公，以此观之，殆不如也。"文襄大笑曰："诚如子言，诚如子言!"①

骆秉章的余银只有区区 800 两，每封都有藩司印花，说明全是俸银。清贫至此，朝野震动，大为感动的完颜崇实奏请朝廷，最后奉旨赏银 5000 两治丧，其侄方才有财力扶柩回到广西原籍。仅此一端，可见骆秉章之"廉静有余，必可信也"。"独善其身"一语，至少对骆秉章而言是适合的。而晚清著名官员里，左宗棠被称为清官，还留下了 2.5 万两银子存款，李鸿章的遗产更达到了 4000 万两的天文数字。

……

骆秉章对四川地理、民情下了一番功夫。

《蜀海丛谈》有如下一段文字，评价骆秉章的神机妙算："未三四年，石（达开）、蓝（大顺）等与土匪同告敉平。各邑常练以次遣散，至其用兵之神，则全由熟悉地利。"

《蜀海丛谈》还举了个生动的小例子证明骆秉章谙熟巴蜀地理："尝有获巨盗，奉命押解来省者。已启行矣，公于浏览地图之际突飞遣一员，奉令前往，限迎头赶至某处，将盗处决。左右初不解，比囚决后，去员归经某处，劫囚之敌已从间道伏候矣。始相与服公之神识。"

可见，骆秉章不但是神机妙算，他还在各地安插有大量的谍报人员。

就在骆秉章做出围猎紫打地太平军的全盘部署之时，唐炯成为了骆秉章十分得力的助手。

---

① 徐一士《亦佳庐小品》，中华书局 2009 年 9 月第 1 版，第 23 页。

当时，唐炯署绥定知府。唐炯的行政执行力是非常强的，他还具备文官不具备的长处——精于兵法韬略，他可谓是即便以蘸血写字也不会错一笔的老手了。

唐炯早年在贵州办团练，以后一直与农民起义军作战，曾参与镇压了蓝大顺起义军，后镇压过西南苗民起义，亲手捕杀过"号军"首领刘义顺，都说他打起仗来有进无退，号称"唐拼命"。可见这"知兵"称誉并非浪得虚名。石达开败走贵州、直趋云南昭通后，唐炯仔细筹算，认为石达开必走川西南人迹罕至地区，乘虚进入四川腹地。因而宁远、越嶲一带必须警备，他建议由骁勇善战的总兵唐友耕扼守大渡河东北岸。对此建议，骆秉章深以为然，立即加紧部署。

唐友耕紧急回到成都，骆秉章在"院门口"一侧的总督府接待了唐友耕。他开门见山讲述围剿部署。

事后骆秉章自称，石达开行踪早在预料之中。骆秉章在对朝廷的请功奏折中称：

"……此次中旗败匪，足不停趾，昼夜狂奔，预料石逆在后，必谓我军皆已追中旗一股，不暇回顾，乘势急进，使我骤不及防。臣揣度既审，自当以严扼险隘，毋使阑入。……臣急调总兵萧庆高、何胜必湘军中左中右两军兼程驰赴雅郡荥经以为后劲，以防奔逸；并札饬邛部土司岭承恩带领夷兵，将越嶲大路各隘口扎断，迫贼使入夷地小径，即从后包抄，以绝回窜，并售赏岭承恩、王应元土夷各兵银物，以昭激劝而资得力。面面张罗，层层设守，乃三月二十五日（注：公历5月12日），唐友耕、蔡步钟等驰至河边，布置甫定，而石逆果拥众三四万人，绕越冕宁，知越巂大路有汉夷各兵扼截，逐由小路于三月二十七日（注：公历5月14日）通奔土千户王应元所辖之紫大地。"

应该说，这不是骆秉章在充当"事后诸葛亮"。既然在四川已经有"诸葛转世"之誉，那么骆秉章的思维确有过人之处。

能够通过老人智慧检验合格的东西，一般来讲均是没有光泽的。

可以提及一个具体事例。在姚永朴的《旧闻随笔》卷三里，记载了骆秉章的独门绝技："花县骆文忠公秉章于舆地之学最讲求，办公事室中别有一案，陈图其上，时时玩之，后行军竟得此图之力。"这分明是一种现代意义的沙盘作业，他其实是把最新的敌我行军动态标注在地图上，再审视其凶吉、时辰的转机。这种把堪舆运用于具体的军事指挥，看来并非无稽之谈。

其实，这也不是什么高级机密，农民起义军出身的唐友耕就精于此道，就是说，"间术"农民也懂，只是没有骆秉章那样长袖善舞，但最为关键在于化解性地运用。

骆秉章提前做出的部署是：重庆镇总兵唐友耕在大渡河13个渡口设防，防止石达开突出重围。雅州府补用知府蔡步钟率领团勇驻扎宰羊溪至安庆坝等处，云南提督胡中和率所部分驻化林坪至瓦斯沟一线以为声援，副将谢国泰布防猛虎岗，以防石达开沿河而趋打箭炉（今康定）。同时，"解银千两分赏松林地土千户及邛部土司岭承恩等"。并让唐友耕传话：击败太平军之后，"所有资财悉听收取"。

蔡步钟（1831—1869年），字则玉，号监泉，福建宁德市蕉城城关人。清廪生，其父蔡志谅任户部员外郎，他随侍在京邸，以输饷得官，任刑部员外郎分发四川。总督骆秉章委蔡步钟为谳局提调，备加器重。嗣后奏报朝廷，以蔡步钟补用雅州府知府。上任初期，遭遇云南李永利起义，在其攻陷名山县之际，蔡步钟与总兵唐友耕率兵讨伐，建立战功。处理石达开大渡河一役后，蔡步钟任云南按察使。后因积劳成疾，旧伤复发，于同治五年回乡调养，在城内建大厅一座，作为私宅。卒于同治八年，时39岁。

临行时，骆秉章对唐友耕大大激励了一番，施以恩威并重之法。他抚着唐友耕的肩臂说："这次你如不能立功，谨防你的帽顶！"按照清制，摘去帽顶即罢官，极可能还要问罪。这成为成都晚清轶闻里"唐帽顶"绰号的另外一个民间性来源。其实，唐友耕即使失去江湖的"帽顶"，绝不愿丢掉这个用无数条命换来的官场红顶子。他不能忘记，自己的官帽子，在青川时因为"怯战"已经被摘过一次了。

如此"赏罚分明"的安排，守护大渡河的一干人马，各自紧急行动起来。

仅用两天时间，唐友耕就到达富林驿的前线大营。仔细巡查扼守大渡河北岸安庆坝至万工汛大小渡口的工事。此时，唐友耕像一个明察秋毫的渔夫，等待着鹬蚌相争的结果。骆秉章毕竟没有去过前线，仅靠几张远非精确的地图如何分析战况？他的布置需要更加灵活地运用。唐友耕的"活学活用"才华再次得到施展。他细化了围剿计划，相当周密。对此，《唐公年谱》里记载较为详细，尽管有些"事后诸葛亮"意味，但从事实上分析，他的战术布局无误。证据恰在于：1935年5月红军来到大渡河边，一位90多岁的当地老秀才宋大顺，曾目睹了石达开的覆灭。老人记忆力很好，还给红军念了一首诗：

前有大渡河天险阻拦，

右有唐军门雄师百万。

左有松林河铁索斩断，

后有铁寨子保保把关。

尽管《唐公年谱》对官军出尔反尔的欺骗不着一字，尽得运筹帷幄的风流，毕竟唐友耕还承认了一条重要结果："公部下唐大有、杨应刚生擒伪翼王石达开……"就是说，唐友耕尚未贪天之功为己有，他承认了不是自己"生擒伪翼王石达开"！这似乎可见他武人出身的耿直。

有时我就想，像唐友耕这样的带着地狱行走世界的人，比那些命令手下为自己扛着棺材上战场的官员，恰恰在于因为缺乏戏剧性而更为可怕。兵法有云"慈不掌兵"，他铁了心下到地狱，并随时准备跳进去，甚至可以再次东山再起。地狱因此而成为了一个庇护所。后者忙于演出，一旦弄假成真，抬棺材的手下四散而去，他连棺材也找不到了，他又如何通过棺材的窄门，升往天界？

就在石达开撤退时，雅州知府蔡步钟分遣心腹，收买耳目，化装成难民刺探石达开行踪，并沿途留下记号，使得后续部队总是能迅速找到石达开飘忽的步伐。看起来，骆秉章的间谍工作方法，已经在蜀地开花结果了。间谍不再是峨眉山的枯叶蝶，而是蹲在大渡河鹅卵石间的螃蟹。

《骆秉章奏稿（川中卷）》（奏为生擒逆首翼王石达开等并剿灭发逆巨股恭摺由六百里驰奏）里，提到了骆秉章的严密布防情况：

布防按主次力量，一共有八路人马：1. 唐友耕；2. 蔡步钟；3. 胡中和；4. 王应元；5. 岭承恩；6. 谢国泰；7. 萧庆高；8. 何胜必。以职责和来源而分，可分为骆秉章官军主力、当地民团、民族土司、绿营主力预备队，一共四部分；按地理和空间分，则可分为负责大渡河南岸的、负责大渡河北岸的以及其他地区预备队。

所以有学者认为："石达开入川，是在与一个新兴的、生机勃勃的军事制度相抗衡。"

可以说，太平军毫无胜算。

老鸦漩动石儿山

2011 年 9 月 13 日，我第一次去石棉县。我和朋友轮流驾车，一早自成都出发，驶上成雅高速，出荥经县后渡河沿河谷的泥泞而行。翻越常年雨汽弥漫能见度不足 50 米的泥巴山后，抵达富林镇吃午饭。稍事休息，我们穿过已经被大渡河河水聚集为广袤湖泊所环绕的汉源县新城，迎着强烈的光照，于下午 4 点驶入石棉县城。我事先与雅安市文联主席赵良冶联系，他请石棉县委宣传部接待我们。

晚餐之后入住人民路石棉宾馆。我和龚伟到街上闲逛。发现县城并不小，有超出我估计的整洁，市政建设很有规划，行人们在一条宽阔的步行街上打起了拥堂。这条街道明显是按照成都春熙路的格局而建，商家的霓虹灯映照头戴军便帽、衣着朴素、背大背篓的行人，让我颇有时空交错的恍惚感。

在 20 世纪 30 年代出版的川西地图上，此地已经名叫"农场"了。

擦罗人李德吾（字光明）挣够了一笔银子，衣锦还乡，在老鸦漩的荒滩上招佃开垦一百余亩土地，办起了一家农场，悬挂有一块写有"光明农场"的匾额。这个名称逐渐成为了本地的地名，就叫"光明场"。此地为大渡河中游，北靠汉源县美罗乡，南归越巂县回隆乡。立县是 1951 年 6 月的事情，因境内富藏优质的石棉而得名。

在国学大师、人文地理学家朱偰（1907—1968 年）先生的游记里，读到过他对老鸦漩的记述。他于 1941 年 7 月底来到"光明农场"时，此地"系万山丛中一小村落，前临大渡河。人家不满二十，断垣残壁，满目荒凉。夜宿危楼，万籁俱寂，惟闻山后松风声与大渡河涛声相激越而已。"① 朱偰有幸，见到了赖执中先生，3 天之中聆听他讲述石达开在凉桥被执的详细过程。

当夜细雨不停，我的睡梦很浅，甚至可以听到雨丝在树叶聚集，最后抱成一团跳下树叶的碎音。

第二天天色放晴，宣传部的司机小周接我们去位于县城北、大渡河南岸的石儿山和老鸦漩。

1863 年 5 月初，翼王石达开率部抵达安顺场。这时山洪突发，河水暴涨数丈，致使中军 4 万人马被阻于农场、紫打地、凉桥共 47 天。最后几乎全军覆没，他们用滔滔血水，在这荒山之间写下了让历史为之扼腕的命运。

在这里，精确的时间、空间位置是：1863 年 5 月 4 日至 6 月 13 日；在安顺场及其附近的 60 华里地域范围之内。

"紫打地"是石达开远征军最后的驻军之处；"老鸦漩"是石达开部属的覆军之地，两处相距 15 公里。

---

① 《漂泊西南天地间》，凤凰出版社 2008 年 1 月版，第 184 页。

紫打地、安顺场全貌。右侧为松林土司王应元领地。

或者这样说，老鸦漩就像濒死的泅渡者，用一只手把石儿山举在了空中。

除了"光明场"，石棉县城这个地方以前也称老鸦漩. 那是因为大渡河在此突然折返，一头向东，两岸都是石渚，洪波击岸，卷起千堆雪，形成层累的漩涡，这是否就是层累的历史呢？人们说，就是"鱼老鸹"也只能随着水势盘游留恋，望水兴叹不敢下水抓鱼。所以按照当地人读法，应该写作"老鸹漩"。有人指出，老鸦漩的地名应是由少数民族操"尔苏"语人的读音演化而来。这里是大渡河与南桠河交汇之地，南桠河上游在冕宁境内又叫勒丫河。经史式先生进一步考证，"南桠""勒丫""老鸦"读音相近，"老鸦"即"南桠""勒丫"的另一译名。番语称"老鸦漩"为"呷奴罢沙"，含义为"像老鸹"的地方。可见这一地名是从番语译意而来，与汉语语义并无关系。

石儿山是突兀在大渡河畔的一堆雄浑的嶙峋怪石，当地人又称之为"小石林"。从水面到山巅不足百米。石丛之中，有一处峻岩极似一个小孩钻入石缝，外面露腰翘起圆圆的小屁股，人们说，那是一个深夜，石达开的小儿子石定基被清军追捕，钻入乱石，天亮鸡叫时羽化而成。至今大家习惯把这里叫石儿山。由于山岩上有不少晚清、民国碑刻，在官方资料里均称为"灵岩胜迹"。抗日战争时期，为适应军事需要，修筑川滇公路西线（四川乐山—云南祥云）。20多万人参与修筑、3万多人为之伤亡的抗战公路，在当时的四川省与西康省的界山大瓦山海拔2800米的蓑衣岭上，贯通了最为艰险的一段，从而与大名鼎鼎的滇缅公路连通。当时，石儿山被劈开，建成一座横跨大渡河的钢索吊桥。

1942年秋季竣工通车，工程部门与地方有识之士协同，时任川康绥靖公署顾问、西康省参议员的赖执中发起为石达开在此处修建"翼王亭"建议，这也是抗战期间激发民族士气的应有之义。当时捐碑镌刻的有二十余人，历时一年完工，在这里建起了非常壮观的缅怀石达开的碑林。这些捐碑纪念者多为党政军要员，如于右任、白崇禧、刘文辉、张笃伦、熊式辉、刘万抚、杨学端、林云陔等。赖执中本人也写了《翼王石达开紫大地蒙难纪实》的碑文加以镌刻。据原公路工程部门工作的段秀安先生回忆，刻在山上的"灵岩胜迹"四字，系川滇西路工程师吉一诚先生题写。如今铁索桥已成危桥，用水泥墩阻拦，只许行人及摩托车通行。

大渡河在老鸦漩突然被河床收紧，激流擦石儿山而过，右坚壁陡，河水不断地撞击岩石，响起地震一般的啸声，水沫经风一吹，打在脸上，可以嗅到一股河流的勃然生气。我看见石儿山洄水沱的水面上，有一只鸭子的尸体，一直停驻在水面。回想曾经看过的史料，说不少太平军的尸体、衣物、盾牌、旗

位于今石棉县城石儿山的翼王亭，20世纪40年代修筑乐（山）西（昌）公路时修建，中途被毁，20世纪80年代修复。

石棉县翼王亭，20世纪80年代摄的照片。

帜等，从紫打地冲下来后，就在老鸦漩汇聚成了一个水面的坟场，徘徊不去。最后，石达开的几个妻妾也从石儿山附近跳入漩涡密布的河面。她们色泽艳丽的绸缎衣物，像航标一样漂在水中。

想一想吧，当激流把一个人抛向石儿山的巨石之时，他的尖叫被水浪稀释了。这激流将数千具太平军的尸体在此旋动，像磨盘那样旋动，被泡胀的身体在尖锐的岩石上不断被撕裂，被肢解……想一想吧，老鸦漩是一个大约有 400 米宽的扇形区域，就像地狱之门。它接收了朝向通天血路的上万灵魂。

他们是从这里被拉入地狱，还是顺流而下，走向洪天王制定的那缥缈天路历程？

翼王亭就在铁索桥之上的虎牙崖的岩石之上。那里因山岩下长年被大渡河水冲刷，岩壁形成许多裂缝与不规则的圆形、方形洞穴，远望好像露出虎口的牙齿，故被称为虎牙崖，登亭远眺，两岸高山壁立，河水滚滚东流，景色极为壮丽。

1942 年川滇西路上的铁索吊桥通过老鸦漩。（蒋蓝／摄）

翼王亭于 1942 年修建①，有翼王碑等石刻碑文若干处，翔实记载了翼王兵败始末及评论。由于在"文革"期间多数石碑被毁坏或遗失，如今，唯有立于亭后的原国民政府西康省政府委员兼教育厅长韩孟钧所立的《翼王亭记》碑，成为见证那段历史的唯一印迹。"翼王亭"三个大字面朝大渡河，石达开的魂就这样矗立在大渡河上空，瞩目对岸，成为千古之恨。

2021 年 2 月的一天下午，我再一次来到翼王亭，站在一块突出于水面的大石上，脚下的花岗岩露出鹰嘴一般的角质化硬光，纤尘不染，石头无时无刻不为涛声醍醐灌顶，石头被劝化，成为了守望者。

我想起了一个叫吴艺五的人。

吴艺五（1891—1976 年）又名吴澍，别号艺夫，福建长乐人。他早岁参加同盟会致力革命，为国民党元老，新中国成立后曾任民革上海市分部筹备委员会委员。时值日寇入侵中华，他违难入蜀，居于重庆。他也间或来成都，竟然去往偏僻的大渡河一游。身临大渡河，感太平军石达开事，有《翼王亭》诗以寄慨。诗云：

> 赤符回首起山东，马背英雄夕照中。
>
> 带砺君臣同骨肉，豆萁兄弟竟鸡虫。
>
> 提兵蜀道非无意，得渡陈仓倘有功。
>
> 事去单身入汉壁，田横余烈项王风。

① 位于广西贵港市东湖公园内的翼王亭，始建于 1934 年，此亭由白崇禧等人发起，白崇禧特作《翼王亭记》，白崇禧书联："忍令上国衣冠沦于夷狄，相率中原豪杰还我河山"，这被誉为最为传神的石达开佳句。广西省政府拨款兴建，是我国首座翼王石达开纪念亭。

069

老鸹漩动石儿山

针对石达开所谓"投降"一说，他围绕翼王屈降骆秉章之事予以力辩，并以田横、项羽之英雄末路、义不臣汉为喻，满纸惺惺相惜之意。56字概括石达开生平事业及太平军之兴衰，甚具功力。

1863年5月，石达开率兵数万，由滇渡江，循会理侧上。经西昌而至冕宁，走小路奔向大渡河，清同治二年三月十七日（1863年5月4日）抵达安顺场。三次抢渡大渡河失利后，于6月11日率残部六千余人退至老鸦漩河段的石儿山下。面对因伤痕累累粮草断绝、吃完战马后又吃光了附近桑叶而奄奄待毙的六千将士，石达开绝望了，决定赴洗马姑与清军谈判。

石儿山，成为了太平军许多将士与家属的诀别之地。

准确点说，翼王最后一晚是在老鸦漩之前不远处的利碛堡，作出"舍命全军"决定的。

当晚，翼王是和全军将士一样露天枕石宿营。

石棉县石儿山全景。（蒋蓝／摄）

我看到石儿山的一个平台上有一个练武的中年人，他在翼王亭之前挥舞一根长鞭，啪啪啪抽打空气，身法看不出什么凌厉之处，但鞭子爆发出的力道很是惊人。鞭梢从花丛顶端扫过，花枝乱颤，一副失色而预备投河的古典模样。我举起相机拍摄了这一镜头。他冲着我的镜头又狠狠挥舞皮鞭，啪啪……

石棉县石儿山翼王亭。（蒋蓝拍摄于2021年）

我顺石阶往上走。看见一个用石块垒砌的圆坛，栽有松树与鲜花。走入树影掩映的翼王亭，很多遛鸟的老人在那里热烈谈论鸟经。他们每人提着一个鸟笼，很像一个夜壶。我转到石碑后，大树的浓荫进一步漫漶着字迹，看得我眼睛酸痛，非常吃力。其实，我用手掌抚摸一下，就足矣。县委宣传部的干部以为我被古奥的碑文感动了，不能自持，回单位特意为我打印了一份目前所能收集到的石儿山所有碑文。其实这些资料我看得很熟了，但我很感激。

我早就从无数先人咏怀中得知翼王亭建在依山傍水处，是"登临纵目，俯仰河山"的理想场所，来之前也曾有许多遐想。可是举目四望，均是混乱的楼房，那是县总工会据此修建的建筑与早期的垃圾库造型的民居，房顶伸延出来的电线乱如章鱼的触角，像一个个鬼子的炮楼肆无忌惮地遮蔽了纵贯古今的气场。就是说，站在如今的翼王亭，已经根本俯瞰不到大渡河了！

我下山时，回首"翼王亭"，它陷在横七竖八的"炮楼"群里，我很不舒服。我突然觉得，石儿山，莫非就是"死儿山"的转喻吗？

当夜小雨，我在石棉宾馆写下了《铜河》一诗：

那是头骨的裂缝

星河从鹰翅决堤

在某个黄昏亮如初恋

金风抽刀

倾注月光的冰

磨碎的反骨

自萧萧落木横扫天庭

光从波浪咬住的折射中抽身

只剩不透明的铜

我从思想的屋檐走向危机

只留蛛丝供我返回

大河溶解的刀光与血肉

镜子抛起的恩仇

在每一个浪口招魂

水中的旗帜一直在溯游

狂奔的水岸晃乱流云

鱼群总会带走旗语

成为码头的粮食

铜河上的每一盏灯火

都是大神

留下的坟

晚清时节，四川文人余澜阁（字浒村）曾经附会说：闻石逆犯蜀时，蜀人扶鸾有"见豕沉埋在蜀江"之语。他分析认为，石逆亡于癸亥之年，见豕之言果然应验。江西吉水的曾东山曾经对余澜阁说："石逆前窜江右，谒张真人询后事。真人书'王于西方'四字与之，石逆遂生窥蜀心，而不知'王'即'亡'也。是真事有前定欤？"

附会历史名人，本不稀奇。1863年为同治癸亥二年，的确是猪年。

在翼王亭里，中竖当时西康省教育厅长韩孟钧撰写的《翼王亭记》，文中镌刻着时任重庆镇总兵唐友耕的名字。

这个石达开的老对手，他们从涪陵打到了宜宾，再从宜宾打到了紫打地，一路尾随，咬定青山不放松，可谓彼此十分熟悉。

唐友耕（1839—1882 年），本名唐大明，字泽波（蒋蓝按：古籍里也写作泽坡、宅坡），别号"唐帽顶"。道光十七年冬十一月十九日（1839 年 12 月 23 日）出生于云南省大关县翠华镇，尚在少年时就充任大关游击营的"余丁"，余丁即是未成年之兵。当时担任游击的某官看中了唐友耕"趋捷而有膂力"，提拔起来做自己的跟班。唐友耕因轻死易发，为父报仇犯下人命，16 岁投入蓝大顺之农民军。但因为一次奇怪的变故，在叙府叛投清军。因善用"农民军那套"来对付农民军，竟是战果累累，屡战屡胜，从把总（类似排长）升至重庆镇总兵（相当于师长）。同治二年（1863 年）春率兵进入越嶲围剿太平天国翼王石达开，最后于大渡河畔擒石达开，解往成都。清政府授其云南提督，并赏黄马褂，绘图紫光阁，进京领赏，成为一生辉煌的顶点。同治八年（1869 年）率部镇压昭通回民起义。光绪六年（1880 年）署理四川提督。因多次受伤，加之妻妾众多，于光绪八年（1882 年）病死于成都提督衙署，享年 44 岁。

唐友耕是起义军出身，"迷途知返"，依靠屠杀起义军一步一步升至高位。

石达开是起义军出身，勇救三军，壮烈殉义。

命运一线之隔，命运天上地下。

　　云马圆戳　太平天国诸王和高级干部所专用快递戳、邮戳。大多用于信函的封套和首页，以及"谆谕""钧谕"、致外国"照会"等各类文书。为紧急公文，规定有此圆戳加钤，一到即须转递，每一时必须驰五十里。

老鸦漩动石儿山

紫打地形胜分析

在一个依靠脚力传递信息的时代，滞后性几乎成为了一种常态，所以，审时度势的预见者总是脚力时代的高人。根据探子传回的消息，重庆镇总兵唐友耕奋力追踪、拦截，但这一次石达开比他更快。当唐友耕赶到时，石达开已经遁入宁远府的苍茫乱山之中。四川总督骆秉章根据情况判断，认为紫打地极有可能是太平军的渡河集结点。这也并非只有诸葛亮才能测算，因为深陷于汉源、石棉群山沟壑之间的路，本来就只有一大一小两条，受到山势与水流的阻遏，紫打地就像一个毫无心计的口袋，以蛮荒掩饰着它逐渐倾斜与暴起的茎脉。

大渡河古称"沫水"，流经乐山沙湾（锦心绣口的郭沫若出生于此）一段又名"铜河"。汉武帝时，具有吮痈舐痔之口舌功夫的邓通在此开铜矿铸钱（史称"邓通币"），所以大渡河下游自汉魏以来就称"铜河"。但民间并不会遵循如此的繁文缛节，他们对这条泛着古铜色波涛的大河，都称之为铜河。这条恣肆之水，却因为石达开，因为那数万将士的血，使得大河之名从晚清暴起，由低到高，第一次闻名遐迩，流到了天上。这，似乎又暗示了铜河的另外一个词源学——血的隐喻。

安顺场的地理位置颇为奇特：它的南面横卧着形如鞍状的马鞍山；正西面紧靠白坟山与营盘山（这些山原无名字，太平军驻军、血战之后始得名）；它的正面朝向数百米宽的滔滔大河，对岸是巍峨的骑虎山和高高的台地安庆坝；它的西北方向是高低起伏的松林山及咆哮的松林河与大渡河汇合之处，又阻断了逆大渡河而上通往泸定的小道；中部又有热窝山、牛背山、全乡最高点海拔 4666 米的观音山。安顺场与紫打地就像蜷缩在群山与莽水之间的腹地。可是，柔软丰腴的腹地，却极可能是凶地。

紫打地又叫"紫大地""子大地""自大地"等，是由大渡河和松林河所形成的一个三角地带，属越巂西路河道七个集场之一。这 7 场是：紫打地、喜乐、洗马姑、腊尔坝、积玉、海尔挖、田湾，皆由松林地土司王应元管辖，其中以紫打地为最大。"紫打地"一种认为是彝语读音翻译，意"出蔬菜的地方"；另外一种意见是来自藏语，"子得呷"是"种蔬菜"之意。这个词语也许体现了双语的"殊途同归"。史式教授特意指出：紫打地不等于今天的安顺场。紫打地为清代松林地番族土司所辖河道 7 场 48 堡的首场，是土司的驻地。

1902 年 8 月 5 日（清光绪二十八年七月初二日），山洪暴发，紫打地街市荡然无存，难以复建。清廷拨库银 2000 两在紫打地以东约 2 公里处重新建场，在灾后重建工程完成后，官府乘机以汉名"安顺场"而偷梁换柱，取"山地久安，河流顺轨"之意。此时上距石达开在此覆军已 40 年，新场名与石达开已无关系。那

紫打地形胜分析

种认为清廷镇压了石达开之后随即将紫打地改名为安顺场，说明此地已经安定、顺从的说法，也与史实不符。我从石棉县民宗局编印的《石棉藏族概述》里注意到，石棉藏区上、下八堡居民所操口语也互不相通。操"尔苏"语的人群主要居住于县域的下八堡；操"门尼洛"语的主要居住于县域的上八堡。我推测，"紫打地"一词极可能还是来自"尔苏"。

2011年9月14日，我在石棉县走访了老鸦漩石儿山之后，通过县委宣传部与安顺场的"中国工农红军强渡大渡河纪念馆"的宋馆长取得了联系，立即驱车前往。新铺的柏油路面顺大渡河陡峭的流向而蜿蜒，两旁多是半裸的山岩，紧扣身后的苍茫群峰。新近种植的绿化带和散落的民居并不能遮掩一种透心的古朴。这条线在大渡河南岸，正是石达开部队仅剩下的数千人从紫打地轰然败退到石儿山的唯一路线。那是怎样一种凄惶，怎样一种急不择路啊。沿途没有见到一幢老房子，但我突然在一个河道的拐弯处见到一棵巨大的松树，直径一米七八的样子，有30多米高。停车端详，华盖之下，树身钉有一块名古树木的保护牌子，标明此树属于"云南油松"。这棵大树，成为了这30华里道路上150余年风云唯一活着的见证者。

其实，这样说并不准确。我回想起安顺场西侧公路之下，并不宽阔的松林河白浪汹涌，碎珠溅玉。河沿上有一棵足够五人牵手合抱的黄葛树，枝繁叶茂，高大挺拔，遮地近两亩，在这个偏僻之地营造着舒缓而自足的诗意。兵败之际，石达开的"王娘"潘氏预感不妙，把携带的金银细软装入一口棺材埋于大树下，引来了后世的挖宝行动。据说本地土地神拼命保护，使得挖宝者一再遭到天谴而无功而返。在我看来，大凡传说有财宝之地，多半已经是宝去室空。土地爷可以保护的，恰是没有什么实用价值的黄葛树。这棵千年古树与那棵云南油松一样，无疑是安顺场的地标性古树。风霜雨雪浸润大树褶皱里，兴许还藏匿着那细弱的呼救声……

我远远看见安顺场的赭红色仿古牌楼，左右门柱写有革命对联"翼王悲剧地，红军胜利场"。牌楼一侧的石碑上刻有"太平天国翼王石达开蒙难简介"。由于安顺场正在大规模旅游开发，脚手架上的工人在奋力修建造型怪异的建筑，进入街区的道路无法通行。我绕道从施工车辆通行的小道进去，最后没路了，周围全是拆毁的建筑垃圾，只好停在一栋孤零零的炮楼一般的土墙房子边。一问，原来这是毛泽东的指挥部。

安顺场一景。（蒋蓝／摄）

下面是宽达三四百米的河滩，遍布无边的卵石。大渡河宽约二百米，流淌着碧血，低沉的水流声在江面蔓延，不断把细弱的泡沫抛在江边的卵石间，回旋，不走。河水携带着来自矿脉的溶解液，水流泛起一层乳白。这衬托着鹅卵石的沉静与稳定。水流的秘密已经渗透于石头内部，无法将其化作泥土。

宋馆长戴着厚底眼镜，有大山一般的肤色，泛着古意，看上去也就30多岁。他是安顺场中国工农红军强渡大渡河纪念馆馆长，馆里面辟出几间展室，陈列了一些收集自民间的太平军文物及几种研究著作。就是说，安顺场迄今都没有为太平军修建纪念馆。我们简单聊聊，谈了不少博物馆的现状，见问不出所以然，我们索性就直接去了河边。

以鹅卵石修筑的老房屋是安顺场的特点。（蒋蓝／摄）

大渡河，不是一条大得无法流动的河。它以不息的奔流带走时间，从而也带动历史。山似乎是透明的，它被流水偷走了影子。过往的人似乎也是透明人，被流水带走了死亡。时间被时间冲刷，历史在这里被带走了一切外表，没有真相，也没有了幻象。但是，我越来越清晰地听到了大河扭动山岳的流动。

河滩上，几台挖掘机正奋力挖掘鹅卵石，铲斗被石头磨得稀烂，像个缺牙的老太婆，嘎嘎嘎，轰轰轰，听起来就像一场摧枯拉朽的痛哭。

除了出卖鹅卵石，安顺场还能卖什么？

噪音打穿了大河之声，让我不禁想起"上陵磨剑"的典故。汉武帝驾崩后，皇后突然见到皇上显灵，皇上对皇陵守卫薛平说："吾虽失势，犹为汝君。奈何令吏卒上吾陵磨刀剑乎？自今以后，可禁之。"薛平叩头如捣蒜，皇上化为一阵清风而去。皇后立即把薛平找来问话，薛平承认，皇陵旁的确有一方大石可以磨刀，守卫皇陵的士兵经常在大石上磨刀剑。

紫打地场创于乾隆时期，嘉庆时更新修整。因为石达开原因，后来有人建议改名为"诛达地"。1902 年秋，紫打地被水冲毁。紫打地旧址在何处呢？历史学者何雅伦、王笛 20 世纪 80 年代特意在此进行了多日的考察，他们指出，当我们站在大渡河北岸，眺望安顺场时，发现这样一个问题：既然紫打地被大渡河水所冲毁，选择新场时必定往靠河道较远处移，即往南移。如果按上述说法，今安顺场在紫打地之北，岂不更近河道？殊不合情理。后查当时越巂厅同知孙锵所订《新立安顺场场规》，中有："兹择于南头中坝另立新场"[1]，证实我们的判断是正确的。因此，紫打地场旧址应在今安顺场以北、大渡河以南所夹地带，或许一

---

① 《越巂厅全志》卷二之六，关隘十。

部分正是今大渡河床。①

　　天空不见太阳，空气里回荡着一股燥热，让人无法睁大眼睛。我眯缝着观看右侧松林河冲下来的丰沛净水汇入大渡河，松林河水颜色更白，斜插到深碧色的大渡河河心，才不情愿地随波逐流。那时，石达开就是想利用岔道进入大渡河形成的剪力，一举冲至大渡河河心，再奋力划桨过河。

　　著名的人文地理学家朱偰 1941 年夏季来到白坟山右侧的营盘山时，此地就竖立了写有"太平天国石达开大军被困处"的大石碑，可见当年人们已有保护历史遗迹的意识，可惜这些遗物早已灰飞烟灭了。从现在行政归属而言，此地属藏族先锋乡松林地。它南与蟹螺乡、西与新民乡、东与安顺乡、北与新棉镇接壤，东西走向由大渡河相隔，南北走向由松林河相隔，面积约 5 平方公里。石达开率军屯住安顺营盘山，因松林地是当时藏族土司王应元所管辖之地，王应元利用松林村北临大渡河、东有松林河的地理优势，与石达开部队隔河对峙。太平军多次强渡松林河和大渡河未成，石达开为此在紫打地安营扎寨三天，此地没有竹子，当年太平军砍光了营盘山上本就不多的树木，用葛藤、布条绑扎为筏，六千将士正欲强渡时，天突降暴雨，山洪暴发，两河河水同时暴涨。此时，清朝官兵西从泸定、东北方从雅安汉源、东南方从西昌冕宁，配合土司王应元四面袭来……事后，王应元被当地人形象地称为"王铁钉"，骆秉章以政府名义还赠送了他一块"功高志大"匾，颂扬功绩。这块匾额，正是唐友耕亲手交给他的。

---

①　见《石达开覆没大渡河考察记》，《四川大学学报》1986 年 4 期。

显然，这颗一心要成为制度的"铁钉"，恰好可以悬挂匾额，他成为了不可一世的人物。

　　1863 年 5 月 14 日，石达开前锋部队以樟木箐村民赖由诚等人为向导，未走大渡河南，而出李子坪抵达大渡河西岸，屯兵紫打地，以正面直对大渡河的营盘山为中军营地。他们立即伐木造木筏及船，对大渡河、松林河组织多次强渡，均功亏一篑。有人举报向导赖由诚等人为清军奸细，此时，肝火旺盛的石达开立即下令"杀无赦"，用他的脑袋来祭旗。

　　另外有材料还指出，石达开强渡连续失败后，做了一件事情：他在大渡河畔杀了 200 多名向导来祭旗。自古以来，人们都认为滥杀无辜不祥，也没有人性。而这 200 多名向导大多是当地熟悉地形的平民，这进一步激起了反抗。

最后的强渡

　　1863 年 5 月 21 日一早，大渡河暴涨的河水已经平息，浑浊的水流逐渐清澈，石达开憋足了力气，做最后一搏。

　　这应该是所有强渡中，最为惨烈的一次。

　　石达开挑选精兵四五千人，太平军五千精锐"左手握矛，右手挽盾，披发赤足，腰悬利刃"，分驾木筏几十只，战士用挡牌护身，在松林河汇入大渡河的剪力作用下拼死强渡。营内众军都出排列南岸敲打兵器呐喊助威，血与河水，将仅剩的希望烧红了整个河谷。

　　唐友耕从北岸居高临下用大炮轰击，水柱冲天。突然筏上装载的火药被炮击中，发出闷雷的破裂声，各筏先后炸裂，将士纷纷落水，随激湍漂没。有几只竹筏漂到下游，也被唐友耕指挥部队沿河各个击破，强渡的太平军战士无一生还。

　　沃邱仲子写道，川军绿营使用一种土炮武器叫作"轰筒"，用粗大的整根老楠竹截成一丈长短，打通竹节，做成火炮，相传是乾隆时期征战大小金川的遗制。唐友耕连夜把数百支"轰筒"埋在河岸上，轮番展开轰击。

见此情形，石达开对将士说："吾起兵以来十四年矣，越险岭，济江湖，如履平地，虽遭难，亦常蹶而复奋，转退为攻，若有天佑。今不幸陷入绝境，重烦诸君血战出险，毋徒束手受缚，为天下笑，则诸君之赐厚矣!"面对清军、土司、彝兵箍桶一般的包围，石达开呼天不应，他把情绪托之于诗：

> 苍天意茫茫，群众何太苦。
>
> 大江横我前，临流曷能渡？
>
> 惜哉无舟楫，浮云西北顾。
>
> 到处哭声多，中原白骨露。

图片里，右侧是南桠河，正面是大渡河。(蒋蓝／摄)

诗意未完，他仓促之间展露出的情怀，很容易把我的视野带往鹅卵石堆砌起来的河床。想起石达开及数万太平军将士，他们的命就像这无边的鹅卵石，铺成了铁青的石阵。遥想石达开在宜宾横江镇大战两个月，横江水边也铺满了石头。但那里都是大石，远远没有形成鹅卵石的光滑与内敛。就是说，它们固然是符号，但两者的能指完全不同。看到颜色古怪的卵石静悄悄躺在地上，诡谲的石花像豹纹一般飞动，我捡起两块，冰凉的石头就像一个拒绝醒来的梦。奇怪啊，怎么越看越像是肾脏呢？肾是什么？肾是实质性器官，外形似蚕豆，分为上下两端，内外两侧缘和前后两面。上端宽而薄，下端窄而厚；而肾的前面较凸，朝向前外侧，肾的后面较平。一个肾脏的造型就像一只诺亚方舟，固然，它的使命是拯救和超度，但前提是：只要是真实的有价值的生命。而它恰恰应该把暴政扔出体内。现在，这些不再流血的器官，拳缩如石，为古往今来的暴力写下了最为形象的篇章！

但是，太平天国学者盛巽昌对此提出了自己的看法：就在这生死攸关的强渡之时，因为庆祝儿子诞生和暴雨河水骤增，石达开耽误了时机。谁知石达开忽而改变了主意，缓慢了过河的进程——

"石达开有很多妻子，而且学洪秀全不分妻妾，无主次尊卑之分，一律按照数字编号排列。当晚他的一个妻子，即编号为第十四王娘的刘氏，在风雨中诞下一子。石达开大喜，视为吉祥，给他取名为定基。石乃通令全军将士说：'孤今履险如夷，又复弄璋生香，睹此水碧山青，愿与诸卿玩景欢醉。'将士都顿首称贺。于是传令，休息三天，而后各整队登山采粮，俟行囊充实。军营里大吹大擂，挂灯结彩，庆祝翼王小殿下诞生。不料，连日风雨不止。翌日清晨，大渡河水陡涨数丈，连松林小河也是浊浪滔天。"

"他们雇佣的向导们说，这是暴雨引起的山洪突发，一两天就会退走的。石达开身入绝境，却仍心坦如常。他准备水退后再行渡河，却没有及时派将士利用铁索桥抢渡松林河，更没有考虑到要是敌军把守了对岸，那是极其危险的。对岸未有敌军，他仍以为是赖裕新的前军牵制了清兵。短短的三天，因庆祝儿子诞生和暴雨河水骤涨，使石达开耽误了时机。中国历来的农民领袖，不读兵法，不懂历史，很少具备有分秒必争的强烈时间观念。但这却给早已虎视眈眈的四川总督骆秉章，创造了调兵遣将的大好时间……"①

我在紫打地渡口考察。

　　历史固然有若干可能，但可能我们永远也无法探知唯一的真相。在此聊备一说。

---

　　① 《实说太平天国》，上海书店出版社 2017 年 8 月版，第 515 页。

最后的强渡

尼采在《权力意志》中拒绝了"灵魂假设",提出从身体的维度重新开始哲学。结果,医学、政治学、宗教领域中的身体研究建立在这样的一个推论上:传统的身/心二元对立及对人的身体的忽视是社会科学中主要的理论和实践问题。也就是说,身体政治及身体专政已经成为了制度的新器官。如果说沼泽和湿地是大地之肾的话,那么,什么又是国家的肾脏呢?女士们,拉紧你们的裙子!先生们,在你们用力按住钱包的同时,更应该按住你们的腰眼儿!因此,每当我看到像肾脏之类的东西时,我会产生一些奇怪的生理反应。

我知道,卵石中的亡灵并没有消失,它似乎只是陷入了沉睡。紫打地的鹅卵石具有比白昼更为惨白的光,把白天像虫洞那样打穿,内部的些微真相就足以使光天化日产生阴影。我甚至梦到,那无尽的长梦把遗恨压缩成了一小块肾结石,正越来越深入和坚硬地预谋和等待下去,直到暴虐的欲念运行过来,会被它狠狠挡住,它要让窝割自己的制度痛出原形!

安顺场营盘山。当地相传,此树为翼王拴马休息处。(蒋蓝／摄)

当地老百姓说这里死人太多,鬼魂经常在鹅卵石上跑动、嚎哭。呜呜呜!其实那是河风吹入石缝发出的怪声。也许它们在保

佑另外一批后来者吧——相距石达开强渡之地下游 400 米之处，
70 多年后即成为了"红军渡"。强渡大渡河的 18 勇士有 16 位是
广西人，在飞夺泸定桥的 22 勇士中，广西人也占了 17 位！

　　1978 年 5 月 20 日，美国总统卡特的国家安全事务助理布热
津斯基肩负推动美中关系正常化的使命抵达北京访问。在这次访
问中布热津斯基首次见到了邓小平。邓小平邀请他全家走访长征路。1981 年
7 月，布热津斯基走访了大渡河、安顺场等地，随后他在美国《生活》杂志
上发表了《沿着长征路线朝圣记》一文，指出：
"在我们走近大渡河时，曾经一度怀疑它是否真的像长征战士在回忆录中描述
的那样水流湍急，险象环生；及至亲眼目击，才知并非言过其实。这条河水
深莫测，奔腾不驯，加上汹涌翻腾的漩涡，时时显露出河底参差
狰狞的礁石，令人触目惊心，不寒而栗；有几处，河水还以异常
的速度倒流回环。我们一行之中谁也没有见过这种水流现象。时
而回流，时而顺流，时而侧流……似乎和地球的引力场不生关
系。原来大渡河自有它自己的生活规律！"①

1860 年，当时彝族士兵的铠甲。

---

①　转引自《大渡桥横铁索寒》，见《解放军画报》2006 年 8 期，总第 711 期。

从安顺场回到成都后，我写下了《暮晚的渡口》：

风把落叶吹往一个方向
发出流水的弦音
这让我想起十二月党人
和他们的家眷
车轴折断的地方
就是道路的终点
而几片猩红的枫叶
该是破冰的鱼
点燃了自己？

远山在落叶的冲刷下
被层层削矮
更远的星群正踏莽而来
像一个恶念，悄然完成了
情欲对身体的覆盖
天空打开了它的全部羽毛
于是在风口之上
我看见暮晚的内部
美人的口袋里装满了鹅卵石
把天国的时光
带往水底

一语成谶的地名

我在紫打地一带采访时，当地一直流传一个说法：石达开冒险走小路北行，过"铁宰宰"（彝语读音变异而来。也名铁寨寨、铁寨子，后属栗子坪人民公社范围）时，便有不祥预兆。多年行军的军事家，十分讲究地名暗示的法力，这种情形即便是孔夫子也难以回避。《尸子》卷下记载："孔子至于胜母，暮矣而不宿。过于盗泉，渴矣而不饮，恶其名也。"孔子厌恶"胜母""盗泉"这些有违礼义准则的地名，为坚持自己的道德观念而选择了异于常人的做法。蜀国大将庞统，字士元，号"凤雏"，最后竟然就死于"落凤坡"……显然，石达开一听地名，便感觉到了"铁宰宰"刮来的飕飕冷气。那是专门用来打石头的工具，也就是石匠用以开凿大石的粗短铁楔子。金能克石，即便是有"石敢当"之誉的翼王，他已经产生了失意萧条之感。

远且不论，就是在四川战争史上，"地名相克"事件也屡见不鲜。

王培荀（1783—1859年），字景淑，号雪峤，山东淄川（今山东省淄博市淄川区）人。道光二年（1822）中举，道光十五年

（1835 年）入四川，历任丰都县、新津县、兴文县、荣县知县，王培荀在四川为官 14 年，踪迹遍及巴蜀。他博学多识，勤于著述，对巴蜀文化、文学的发展多有贡献。民国《荣县志·官第十》称其"喜著述，励士以学，文学丕振，旧无有也。"（廖世英等【修】、赵熙等【纂】《荣县志》，巴蜀书社 1992 年版）。王培荀在荣县任内撰写的一部笔记型见闻录《听雨楼随笔》，因写成于官署之听雨楼而得名。此书记载了大量明、清的战争、灾祸情况，比如第 1077 条：

"古人行军，地名最忌，岑彭在彭亡被刺。四川朱总镇射斗剿贼至西充牛头寨，贼首冉添（天）元设伏围之，朱大呼将士杀出，行十余里，复被围，问此何地，曰：'老虎坝。'朱曰：'吾犯绝地死矣！'盖朱猪同音，猪遇虎必死也。齐二寡妇以踏软索、驰解马出身，色故狡丽。其败也，官兵逼之谢花坡，坠崖死，亦应其名焉。"①

文中提到的均为四川历史上的著名事件。建武十一年（35年），岑彭伐公孙述，阵战侯丹，直抵成都。公孙述派遣刺客，乘夜间将岑彭刺死。川北镇总兵朱射斗征战三十余年，有"朱虎"之誉，看来称誉没有"克住"地名之威。被官军蔑称为"齐二寡妇"的，乃是白莲教起义的美女首领王聪儿。

自古以来，西昌通往内地的大路多走清溪古道，即石达开先锋赖裕新部所走之路，但这条路并非商旅所行之路。石达开用兵

---

① 《听雨楼随笔》，巴蜀书社 1987 年 10 月 1 版，第 530 页。

奇诡，均是另类思维，渴望出奇而制胜，因而不走寻常之路。对这类说法，也有进一步的史料可作支撑：小道路线是由西昌县百姓赖由诚在樟木箐上书所献之策①，石达开予以了采纳。石达开率部四万多人绕冕宁城沿山麓行至大桥，由向导带路随即纵切入冕宁的山间鸟道，翻越铁宰宰、水扒岩、烂泥坪、铜厂、新场等，于农历三月二十七（5月14日）早晨抵达大渡河南岸之紫打地。当翼王军队到达"铁宰宰"时，石达开见"径极险狭"，"睹部伍鱼贯以进，辄畏阻"，立即心生退意，打算回师西昌，再图成都。但军师曹卧虎竭力主张继续进军，坚持称"兵家乘虚为上""便捷莫如小道"，石达开才"决意冒险"②。在这种情况下，石达开难免有疑虑之心，而不敢毅然用兵。因此，当5月14日晨石达开抵紫打地后，犹豫不前，格外小心。他先派兵渡河探路，查看清军是否有备，而耽误了一天。当时石达开对部下说："我生平行军谨慎，……倘官军卒至，此危道也，不如俟明日毕渡。"③ 由此亦可见石达开疑虑的性格。

石达开这一谨慎的用兵动机，还有不断出于现实一幕幕的惊险。就在路过越巂境时，当地地主就造谣说："长毛"见人就抢、就杀，捉住人后把肚子剖开，挖出心肝等五脏，装上粮食喂马——此言一出，腾达四野，老百姓纷纷逃亡或闭门，造成石达开军的供给时断时续。尽管后来证明，太平军并不轻易杀人。中所、小孤山、越巂东南门外都有老百姓站在路旁观看太平军行

① 见《西昌县志》。
② 都履和《翼王石达开滇江被困死难纪实》，刊《新中华》复刊第三卷第九期。
③ 薛福成《书剧寇石达开就擒事》。

一语成谶的地名

军，太平军都没有伤害过他们。附近的农民也有随太平军而去的，也有不少人为太平军背粮食、抬行李，成为民夫。当太平军进逼越巂城下，越巂厅同知周岐源与参将杨应刚督军民登城固守。太平军见状没有轻易攻城，而是迅速绕城北上。但由于不熟悉地形，不少兵马尽陷于水田之中……清军乘机攻击，太平军被溺、被杀的就达数百人。

得胜后的周岐源又与彝族土司岭承恩密谋：在清溪峡当中的白沙河畔设下伏兵。城内营兵尾随追击，赖裕新部的太平军猝不及防，死伤过半……

越巂营参将杨应刚，无疑是紫打地一役当中的一个重要角色。

紫打地铁索桥。（中国工农红军强渡大渡河纪念馆馆藏）

杨应刚，越巂厅武生，原为马边营游击。同治二年（1863年），任越巂营参将。清朝绿营沿袭明朝，亦有参将，秩正三品，位次副将，掌理本营军务，分省建置，其主要任务是镇戍地方。当时正值翼王石达开率四万大军来到紫打地，杨应刚率兵勇三百前往紫打地予以围剿。石达开从紫打地突围，在南桠河旁乔白马被围时，杨应刚同越嶲厅同知周岐源一道写书信招降石达开。随后杨应刚还不避炮石，不畏艰险，亲到石达开大营"劝降"。石达开部下欲杀杨应刚，据说杨应刚面不改色，当面斥责太平军，使石达开相信，而进行谈判。随后，杨应刚牵着石达开的手，一同从洗马姑凉桥走过。这一"携手过凉桥"的场面，也成为仅剩的数千名翼殿将士，与主帅石达开的永诀。事后，骆秉章上奏赏其花翎副将衔。其后人全部从越嶲迁到冕宁。

由此，不要说清军的绿营，就连如此偏僻之地的土司武装也对付不了，足见太平军此时的战斗力，衰竭的速度有点让人难以置信。

为保存实力，石达开不能不小心加小心。

毕生果决的石达开，在生死攸关的最后时刻，可见过分谨慎的丝缘已经自缚其果决，等于在唐友耕守军尚未抵达安顺场东岸安庆坝之时，坐视生机顺波而逝。逝者如斯夫的喟叹，就像裹挟在河边鹅卵石间的水沫，以脑浆一般的乳白色，成为涛声中的顿挫……

而那刮着飕飕冷气的"铁宰宰"，后来终于在千里之外的成都，伸出了它的利齿。这——只能叫一语成谶。

我在河滩上寻找几块鹅卵石，想带回家做个纪念。我弯腰，背对着天空。我从最低的身姿向上看，太阳显得非常艳丽，它的大光模糊了石头与河水的间隙，催人泪下。遥想当年，密勒日巴尊者的传奇和修法的坚毅在藏区无人不晓。在马尔巴第二次返藏时，密勒日巴由于使用"黑咒"召集起漫天的巨石杀死家族仇人。这样威力无穷的咒语，就在紫打地的彝族人里也有。

果有神者，请举起河床上的所有卵石，铺河为路，雷暴一样袭向对岸。

在写作这一部分时，我承认是这本书最为艰难的部分。我无数次设想着那个特定阶段太平军与清军的各种情况。我想到，一个王者必须心藏失败的念头。

一个人在做一件事的过程中，如果他非常清晰地意识到自己必将失败。那么，他还会停下来吗？这无疑是他人生中"严重的时刻"。我想，绝大多数人会奋力一搏，渴望金石为开奇迹光临，转危为安；悲观者会明智地罢手，枯木一样等候天意的摆布；还有极少数者，会一点一点去损耗，一点一点去失败。就像作家伍尔夫那样，口袋里装满石头，缓慢走向河心。

失败，可以失败得慢一点，失败得从容不迫。他吃透了荒诞，他荒诞地把荒诞演绎给我们看。

也许他的一系列荣辱并不能让他忘怀这一预设，而是他不断在刨去预设周围的附赘物，甚至不惜揠苗助长。他等待着越来越清晰的结局与预设相吻合，就像一把伤痕累累的剑，回到了熔炉和砧台。

正因为有死亡的终结，这样的悲剧性就不再荒诞，让我控制不了自己的眼泪……

1863 年 6 月 5 日，进退无据的石达开，决定写《翼王石达开给土司王应元训谕》，隔河用箭射过去，希望王应元让路：

真天命太平天国圣神电通军主将翼王石

为训谕松林地总领王千户贤台知悉：缘予恭奉天命，亲统雄师，辅佐圣主，恢复大夏。路径由兹，非取斯土。贤台不知师来之意，竟而抗拒，姑无足怪。幸尔两边，兵未损折，情有可原。统望贤合，罢兵让路，敦义讲和。免至战斗互杀，俾我师之早行，亦尔民之早定也。如允让道罢兵，不特我师所来尔境，不犯秋毫，而且许赠良马二匹、白金千两与贤台，为犒军之资。他年天国一统之后，定有加封贤台也。倘贤台竟称兵抗拒，予则加选三千虎贲，不得已誓渡小河，将尔一方痛剿，鸡犬不留，房屋烧尽，那时悔之晚矣。本主将上体天心，下恤民命，与其相杀，莫如和好。为此谕到之时，限午时即回文，以决攻取，不得迟延，致误机宜。特此训谕。

太平天国癸开十三年四月二十三日①

王应元叔叔也看到了此信，力劝王应元拒绝石达开的贿赂。王应元同意了。

见王应元拒绝了自己的请求，拖到 6 月 6 日，石达开毫无办法，硬着头皮再次写信给王应元请求允许商民回紫打地开市贸易，以便采购粮食。其文曰：

真天命太平天国圣神电通军主将翼王石，致书松林地王千户贤台雅览。昨接足下回书，备悉松林小道原非大军可行，予已石

---

① 太平天国历史博物馆编：《太平天国文书汇编》，中华书局 1979 年版，第160 页。

一语成谶的地名

图其道，恨是大军驻此，军需浩繁，不免东攻西击，图揽粮食耳。然而松林已属小道，足下亦可不让予军亦不必图，但望足下饬四民通商，俾得军民两便，庶军需易得购买，我军免进攻小河，则不独松林兵勇安宁，必沿下之惠也。所有人民交易，我军并无欺骗，如足下不足取信，予委参在足下之处，按质方修可也，特此寄书统翼复音。①

王应元再次予以拒绝。

石达开又去请求土司岭承恩，也遭到了拒绝。由于不敢靠得太近，善于使用长靶锤的彝族兵，不断用飞石打击太平军大营。

---

① 石棉县地方志编纂委员会编《石棉县志》，四川辞书出版社1999年版，第593页。

关于石达开的宝藏

关于石达开的宝藏，与大西皇帝张献忠的宝藏一样，一直是四川民间经久不衰的龙门阵。先后在石棉县、合江县、兴文县、高县、西昌等地，不断生发出关于石达开宝藏的种种传闻，初为街谈巷议，渐渐登堂入室，甚至有人拿出了极度神秘的藏宝图、口诀密码等等，言之凿凿，更显波诡云谲。

石达开率领的是最为重要的"中军"，随身携带有大量沿途劫掠的金银财宝，到达紫打地之后，财物的流向应该有几个途径。2013 年 7 月，我在安顺场走访了石棉县文化馆的鄢晓兰女士，在她与周万任的实地考察、研究里，归纳了宝物的三个流向：

其一，部分财物在马鞍山大营被抢劫和焚烧。石达开到达紫打地，意识到置身死路，必有残酷一战，他渴望破釜沉舟的一次解决。他把粮草和辎重大营设于距紫打地约 3 公里的马鞍山垭口，这个地点距离他驻扎的营盘山有 2 公里。而堵截石达开退路的邛部土司岭承恩一直尾随，乘太平军全力强渡大渡河和松林河之际，粮草辎重大营防守空虚，率军偷袭马鞍山大营，焚毁粮草、抢劫辎重，后来石达开回兵营救，抢回大营，已经人去物空。石达开陷入绝境后，曾"两次射书王应元，先允赠白金千两、良马两匹"。① 由此可以看出，石达开为了求藏族土司王应元让路，应该是拿出了自己"最拿得出手"的财物了。说明马鞍山大营被袭后，损失惨重，已经拿不出更多的"买路钱"。

其二，一部分财物应该是在西昌整编时分发给遣散的士兵；然后，又在大渡河畔的利吉堡再次分发给将士。石达开部从大渡河旁的紫打地突围后，沿大渡河而下到达利吉堡，在利吉堡度过的前一晚，按清军要求"自行遣散"太平军四千余人。为感激将士多年舍命跟随之情，义气深重的石达开分发路费，将大部分财物分发给了部众。

其三，太平军最后剩下的财物，应该为邛部彝族土司岭承恩和松林地藏族土司王应元所瓜分。《清史稿》记载："贼军辎重悉为两土司所得"，说明清政府为奖励两土司剿灭石达开大军有功，将缴获的太平军的辎重全部赏赐给了两个土司。而岭承恩手中应该获得的财物较多，自石达开"假道邛部土司"时②，岭承恩就已获得一部分太平军的物资，同时他又曾率军偷袭太平军马鞍山粮草辎重营地，因为仓库守卫四下逃亡，无人值守；后来获胜后，清政府兑现承诺，予以奖励，可以肯定，岭承恩应该是获得了石达开的大部分财物。而岭承恩手中的财物却难以弄清楚去向，无法知道去处，不过总体去向大体还是清晰的，应该是在清

---

① 张弗尘《紫打地—安顺场》，载《石棉县文史资料选辑》（第一辑），1986 年 12 月印制。

② 赵尔巽：《清史稿》，卷五百十三，中华书局 1977 年版，第 14222 页。

末随着邛部土司家族的衰落，而被耗尽或流失。而松林地土司所分财物，去向还是比较清晰。民国十七年（1928）当地乡绅赖秉权、李光明、刘崇高上书越巂县政府，肯准"将该土司撤职，所有遗产责令组成高级小学一所"①。得到越巂县政府批准后，乡绅赖秉权等人将土司财物没收充公，用于修建安顺小学，并将安顺初级小学改为高级小学。在没收土司财物时，当地豪绅赖家出钱购买过其中一部分较为有价值的财物，或事先将其中贵重者据为己有。铁证之一是：1932年赖执中为了讨好四川军阀刘湘，"将翼王石达开宝剑一柄赠给刘湘"。②

结果是清楚的，石达开大部分财物的真实去向就是如此。所谓的石达开宝藏之谜，看来不过是后人因石达开的传奇而附会的传说，或以炫人，或以邀宠，或以行骗。针对这一点，太平天国专家史式早年的判断完全正确："总之，说石达开有窖藏一事是于史无据，不近情理。紫打地并没有石达开的窖藏，石达开根本就没有什么所谓'窖藏'。"③

……

钱财都是身外之物；钱财在生死之际只能拖累赴往新生的步伐。对石达开来讲，生活就是行军。常识告诉人们，坦途不是捷径，也距离目的地更远；距离目标最近的小道通常是充满艰难，但是从来也没有证据表明，羊肠小道就理所当然可以抵达胜利。

---

① 孙汝坚：《赖执中的两件事》，载《石棉县文史资料选辑》（第二辑），1988年12月印制。

② 孙汝坚：《赖执中的两件事》，载《石棉县文史资料选辑》（第二辑），1988年12月印制。

③ 《太平天国史实考》，重庆出版社1991年6月版，第336页。

非但如此，这样充满危机的小道会把惶惶然的心急者带往死地！当地老百姓中一直流传着一首总结式的顺口溜①：

> 朝前走有小河王铁桩扎断，
> 朝左走悬崖绝壁滚木礌石在高山；
> 朝右走铜河水暴涨滔天，
> 朝后退手巴崖高山铁寨！

说实话，我只有实地踏访了顺口溜中提到的近十个地点后，才能深切明白，那些地方之中酝酿而起的绝望！

1980 年 5 月，年近九旬的王云舍先生撰写了《太平天国革命历史补充资料》一文，提供了不少涉及石达开藏宝的情况。王云舍曾经亲自见证了当年刘湘挖掘石达开宝藏的过程。

1936 年，当时四川省的地方实力派刘湘探听到了石达开大渡河藏宝的消息，于是组织了人马进行挖掘。为了保密，他将这支 1000 人的挖掘队命名为"森林矿产调查队"。

挖掘队伍在四川安顺场紫打地发现了一个疑似石达开藏宝的地点，藏宝地点在营盘山的一个洞穴里。这个洞穴由人为在半山凿成，用条石加以封闭。挖掘队在搬开条石，进入穴室时，发现穴内厂骸满布夹杂着零星的金玉饰物，有金抹额、铜带扣、吊刀、袖箭筒等，这些物品大都残缺，没有一件是完整的。

洞穴中共有窖藏 3 穴，第二穴中有两只大陶坛子，一只里装

---

① 见隗瀛涛、李有明等主编《四川近代史》，四川省社会科学院出版社 1985 年 11 月第 1 版，第 99 页。

满了清水，另外一只装了一座鎏金铜山。在洞穴的石凳子上，还零星地放着金、玉、铜、银、水晶、玛瑙、珊瑚等东西十余件。这些东西都被打包运往成都，被刘湘的夫人收存。

正当准备第三次挖掘时，南京方面听到风声立即下令禁止挖掘，并发来电报："禁止地方机关借任何名义擅自开发森林矿产及毁凿古迹文物。已开凿者，立即停止；未开凿者，严加保护。"这样一来，石达开宝藏的第三次挖掘工作随告终止。

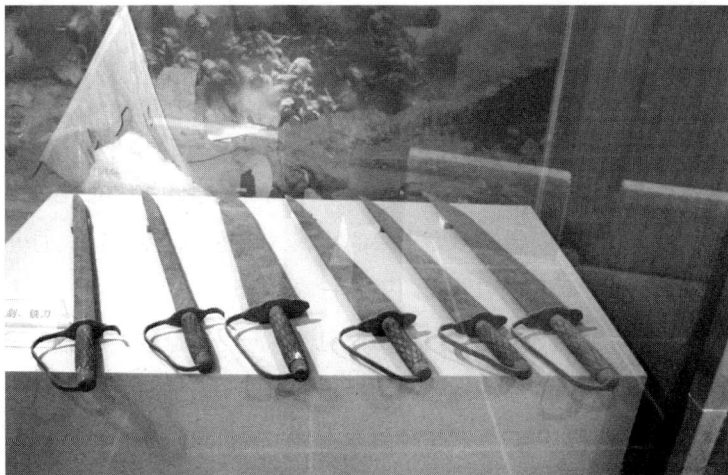

太平军当时使用的武器。(拍摄于大渡河太平军纪念馆)

大渡河的河神与乌鸦

我来过安顺场 3 次。

2011 年来时，全镇尚在大规模修建；2013 年 3 月的安顺场，悄然沉浸在一股石灰、油漆的味道中，仔细一点可以闻到砂轮、切割机与花岗岩、砂岩摩擦出来的特殊气味儿，有点像狂欢的火药。簇新的安顺场向着蓝天白云敞开旅游时代的热烈怀抱。街头空无一人，砂岩地面泛起白光。我向松林河对岸瞭望，看到一片青瓦白墙的新房点缀在青翠的山腰，那是一个藏族村落——松林村。汶川大地震以前，这里房屋杂乱，80% 的群众都居住在土坯房内，生活条件艰苦。经过 3 年的建设，松林村一组已经成为雅安市最大的农村灾后重建集中安置点，占地 83 亩，集中统一联建房屋 116 户。据说，不管是在生活环境还是物质水平上都发生了翻天覆地的改变。

我来到松林村，围绕一个巨大的水池，垂柳与红梅点缀其间，鸟声如花叫，仿佛置身欧洲风情小镇，让人有恍若隔世之感。当然，这归功于脱贫攻坚战的明显成效。

俯瞰村落有一个高坡台地，那里是先锋藏族乡松林村——清朝藏族土司王应元衙门驻地，老百姓俗称"土司衙门"。因为王应元曾在松林河领民团击退翼王石达开的部队，事后骆秉章兑现承诺，清廷赐予王应元都司加副将，并绘像进入紫光阁。从此更加志得意满的王土司，在离他家老屋几百米开外的一块台地上，新觅宅址建了气派的官衙。

松林地南与蟹螺乡、西与新民乡、东与安顺乡、北与新棉镇接壤，东西走向由大渡河相隔，南北走向由松林河相隔，面积约5平方公里，王应元的"土司衙门"位于高坎之上。石棉县文化局干部姜成强很熟悉这一带情况，带我来到一块足有上百立方米的孤立岩石面前，说这是当年"土司衙门"的前门，也是插经幡的地方。我仔细看了半天，发现确有不少人工凿出的小洞。

"土司衙门"早已经荡然无存，据说毁于"土改"和1966年的疾风骤雨，只有后面几间土石建筑的牢房还在。

我看到旁边有一个斜吊的门牌：松林村一组90号。

姜成强说，土司王应元的官衙有三重院落：最前面是值守和看管犯人牢房的兵勇房，就是刚才看到的房子；紧接着是官衙的正殿、偏殿、侧殿；右后院的一角，还建有专门用于担任警戒任务的瞭望哨台。就面积来说，整个官衙占地有三四亩，周围都有高大、厚实的土墙，可称得上是一座豪宅。仅以官衙侧殿的房屋来说，其墙壁的厚度就达80厘米，住在里面感觉冬暖夏凉。官衙地面也打成了"三合土"。历经150年，地面仍然十分结实牢固，甚至连地下水也渗不上来。一个朝廷闻达却深居简出的官衙主人，一座典型的木雅藏式风貌建筑，其中隐藏着多少历史传奇和巨大秘密？

在松林村，见我们在打听"王松林"（王应元）的事，当地不少群众纷纷对我讲述起当年的故事：当年王土司用一门威力巨大的"劈山炮"，把对门山坡上驻扎的太平军打得七零八落。后来土司又派人把当地拿来晒东西的竹篾垫裹成圆筒状，高约二三丈，并刷上一层黑灰伪装成高昂的大炮，分立于山头、拗口；同时派人四处烧起柏丫，烟雾弥漫，制造出"雄兵百万"的假象。这更让弹尽粮绝的太平军吓得不行……

"王土司家的师爷还专门写了一本书，详细记载了打石达开的这件事情。"松林村的一个村民称。现在安顺场流传的一个关于石达开的故事，就是从王土司家的官衙里传出来的……在一户周家人的屋里，一块刻有"功高志大"字样的木匾，被主人当成了楼板，压在了一个盛满粮食的囤子下面。而在王土司官衙的后院部分，周家人则在地下发现了大量的木炭。①

姜成强没有对我讲"功高志大"字样的木匾下落，他直接带我到松林村一组村民周文清家里，叫他拿出了两块黑漆木板，在阳光下发出诡异的光，我心头大惊。

木板应该是松木质地，长约5尺，宽约一尺，一块无字，背后遍布虫蛀的小洞，另外一块刻有阳文"皇恩宠……"字样，字体遒劲有力，每个字有一尺见方，均有鎏金，因为匾额被人锯断，看不到落款。推测起来，估计应该是"皇恩宠赐"，属于中堂正中悬挂的匾额。这是我在安顺场一带见到的石达开一役的唯一"故物"！

---

① 罗光德《先锋松林地：一座土司官衙和它隐藏的秘密》，刊《雅安日报》2007年6月4日。

我抚摸牌匾，手汗印在上面。

无人知道王应元的下落，包括他的坟茔在何处。往事从来不会如烟，往事如门前的巨石，也如这块木匾，功名如鎏金之字，血泪如虫蛀之洞。

姜成强讲到了王应元的一个"功劳"，我从来没有在任何资料上见过：

王应元得知石达开要强渡大渡河后，特意派人从猛种堡子（现石棉县蟹螺藏族乡）请来苯教大师王茂（也作王冒，藏名读音），王茂来到先锋乡一带观察地形，他注意到场口之上山头有一座金花庙，他立即动手，把坛上菩萨颠而倒之，然后大施法术。据说山神感应，开始提前发洪水；不仅如此，山神还在石达开驻扎的营盘山间播撒鬼火，让恐惧之气弥漫其间……

这个王茂在"上八堡"一带是法力很高的喇嘛，据说他本领高强，敢与天斗和地斗，一年四季都不劳作，堡子里的村民每年主动上供，要是哪家不上供，他就作法下冰雹专打他家的玉米地，让对方颗粒无收。王茂一辈子与天老爷斗，心知违反天意，死后会遭天谴。

事后，王茂被朝廷封为"天官师"称号。我们知道，"天官"出自《史记》，其中《天官书》开宗明义就写着："天文有五官，官者，星官也；星座有尊卑，若人之官曹列位，故曰天官。"有这样的"天官"保卫的政权，最后自然而然会发展到"马桶阵"，最后还不是一样要分崩离析么？

不过，我只在磨西古镇见过金花庙，在石棉县却从未耳闻过——也许以前有吧。

为避免遭受天谴，据说王茂在临死前交代后人：埋葬自己时，要在上下前后左右都放上经书。但是后人忘记在骨灰下面放置经书，以至于王茂的坟被雷从下面打入而毁坏。①

现在是安顺场忠英客栈老板的杨秀忠，对我回忆说：听祖辈讲过，王松林土司按照大师王茂的吩咐，还利用巨大的竹编晒席，刮了很多"锅烟灰"将其染为黑色，然后卷成长筒插置在树林之间，俨然是一门门"巨炮"；晚上又赶来大量山羊，尾巴蘸上油点燃，山羊负痛开始在树林乱跑，制造了"雄兵百万"的假象……用兵谨慎的石达开见此情况一再迟疑，贻误强渡松林河的战机。杨秀忠感叹："想不到啊，身为军事家的石达开，也中了土豪王应元的空城计！"

这个说法是合情合理的。前面提到过清军在大渡河东岸使用的土炮"轰筒"，"轰筒"是用粗大的整根老楠竹截成一丈长短，打通竹节做成火炮，这一造型与涂抹了"锅烟灰"的晒席卷筒何其相似！

处理"巨寇"石达开之后，骆秉章特意奏报朝廷《河神助顺疏》：

伏查伪翼王石达开，上年拥众自滇边突窜建昌，锐意图犯腹地。经臣调派升云南提督唐友耕，督率振武军，暨雅州（补用）府知府蔡步钟所带练勇，并汉土各兵，分布大渡河，据险扼击。惟时正值暮春，水尚平静，随处可以涉浅，须至五六月间，河水始能涨发。倘被该逆径渡，势既蔓延，扑灭非易。乃石逆于三月二十七日，甫抵河干，是夜大雨滂沱，次日河水陡涨十余丈，波

---

① 周万任《松林地土司志略》，四川民族出版社2019年3月版，第67页。

涛汹涌，并松林小河，亦成巨浸。询之土人，向来三四月间，从未见此盛涨。石逆每欲扎筏抢渡，被我军枪炮轰击，筏入水辄覆，限于巨流，不得狂逞。大兵四面逼促，该逆递困于紫打地，食尽路绝。渠魁就缚，余逆歼除。该逆就擒之后，水势仍复消落，众目共睹，无不传以为异。窃惟此役成功之速，虽属将士用命，而仰仗天威。神灵助顺，河水陡涨，确有明证。溯查大渡河发源岷山之阳，一曰阳江，流经大坪、鱼通各土司之内，至打箭炉东之瓦斯沟，与旄牛徼外柘拔海之泸水合，转经泸定桥，下汇众流，夹山涧曲折而南，至青溪之大树堡，始能问渡。复经野美境内，东至嘉定府，汇于大江。源远流长，实为西南巨壑，虽考诸志乘，其无神典可稽。而捍患御灾，有功于民则祀之，况洪波助势，俾贼技渐穷，翊赞圣功，削平巨寇，既昭灵显，允宜崇报。应请饬部议加大渡河神封号，建立专祠，列入祀典。并恳颁赐御书匾额，敬谨悬挂，以扬国威，而显神迹。再闻雅州府西之化安坪，向祀金华神，其年代姓氏，皆无可考。前次滇匪围攻雅州、嘉定两城，皆著灵应。据所擒贼供攻城之际，皆见神兵默助，当即骇溃，城围立解，士民奉祀益虔。据该府具详请奏前来，应请赐加封号，附祀大渡河神祠，用以俯顺舆情。是否有当，理合恭摺具奏。[①]

对于这样的请求，朝廷自然准奏，祭拜仪式着手安排。骆秉章承认，能够建此奇功实是仰赖了大渡河百年不遇的提前涨水，但是，他没有在"怪力乱神"的道路上滑行太远，因而没有提及

---

① 引自【清】余澜阁《蜀孽死事者略传》。

王应元。这种"天地感应"之兆，显然只能归于"天佑大清"的气象。他谈到被俘虏的太平军所言，每临攻城时总能看到神兵默助，当即骇溃，显然是有一定依据的。唐友耕与李蓝起义军的反复交战中，"神灵佑城"的奇迹已经多次在犍为县、雅安出现。按照这个谱系，石达开兵败紫打地，百年不遇的洪水提前两个月而至，只能归于河神的"正义叙事"。

石达开的部队是如何激怒"河神"的呢？

其实，1863 年 5 月 17 日实施第一次强渡大渡河时，依靠几条小船的高强度来回摆渡，已经有近 1 万人安然过河。天色已晚，石达开突然下令，北岸的士兵再次回到南岸。这个重大决定明显就是成与败的锁钥。如果连夜继续强渡，全军最迟在次日黎明前可以全部过河。这至少说明，那时的"河神"并没有怒火中烧。莫非它还没有被震天的杀戮声吵醒？

在 1905 年由上海广智书局出版的扪虱谈虎客（原名韩孔厂）所编的《近世中国秘史》里，采自薛福成《庸庵笔记》的记述，从另外一个角度解释了机遇之门的倒转。

薛福成指出，骆秉章得到泸定桥巡检文策三通过建昌道转呈的密报，当地土司头人已经收下石达开的贿赂，有"放虎归山"迹象。骆秉章急派唐友耕开赴大渡河北岸的安庆坝堵截，同时对土司头人予以重金收买。既然对方付得起钱财，那么我也可以亮出对手拿不出来的诱惑之物——赏赐光宗耀祖的"官帽"。骆秉章恩威并用，迫使土司头人就范。在我看来，这些"事后诸葛亮"的举措，都不是问题的实质。

这还是石达开用兵过度谨慎所致。他害怕在渡河这个关键时刻遭到清军的突然袭击。这一事实，薛福成写明是唐友耕事后向自己弟弟薛季怀亲口所言。薛福成扭转了骆秉章的谎话："按达开初到大渡河边，北岸实尚无官兵，而骆文忠公奏疏谓唐友耕一军已驻北岸，似为将士请奖张本，不得不声明防河得力，因稍移数日以迁就之。当时外省军报，大都如此，亦疆吏与将帅不得已之办法也。"[1]

第二天一早，滔天巨流将河岸推得很远了，石达开所率领的中军命运由此铸定。

从兵法角度而言，石达开的谨慎是可以理解的。曾国藩就说过："用兵以渡水为最难。不特渡长江、大河为难，即偶渡渐车之水、丈二之沟，亦须再三审慎。恐其半渡而击、背水无归，败兵争舟、人马践溺。种种皆兵家所忌。"[2]

但超越常识的"用兵诡道"，也许才是最后唯一的生路。可惜的是，假设历史已经没有任何意义了。

河神啊，那个兴风作浪的河神，鼓起的绿豆眼却看不见真正的大神。

在石棉县、汉源县、雅安一带，我至今没有查阅到曾经有过"河神祠"或"江渎庙"的记载。成都立祠祭祀长江之神——天帝之女奇相是从秦朝开始的。到宋神宗时，成都重建过颓废的江渎庙。有关江渎庙的具体地点，史书记载在成都城南的锦江之滨，于每年立夏之季来江渎庙祭祀，成为国家大典。明清两朝，成都文庙西街有江渎庙（包括今四川省卫生干部管理学院），曾有明代所铸造的体格巨大的江渎太子及其两妃三

---

[1] 《近世中国秘史》，江苏广陵古籍刻印社 1994 年 5 月版，第 214 页。
[2] 蔡锷《曾胡治兵语录》，山西古籍出版社 1995 年 12 月第 1 版，第 145 页。

座大铜像。由此可知，江渎庙在"成都县南八里"的所指，应该就在文庙西街。

直到清代，文庙西街的江渎庙前上莲池仍名实相副，池内莲花灼灼，莲叶田田，是文人墨客雅集的理想场所。大部分庙宇建筑犹存，有三进大殿和瑰丽的木构。从大梁文字上看，在康熙六年又予以重修。从大殿那些烟熏火燎、黑得发亮的大梁上，犹可想见昔日的繁荣。1904年，华阳人罗徽女士利用此庙宇建筑开办"淑行女塾"，为川西成都女子教育之滥觞。直到"文革"爆发时旧庙成了危房，才被夷为平地。

唐友耕后来在文庙后街广置田地，修筑阔达的"唐府"。住宅距离江渎庙甚近，对他这个迷信甚深的人而言，每年必去祭拜，感激大渡河河神自然是他的心结。按照合理推断，官方事后应该在汉源、石棉的大渡河畔举行过祭拜仪式。

大渡河的河神，大名曰"奫"。常璩《华阳国志》记载说，沫水（大渡河）自蒙山至南安西溷崖，水脉漂疾，破害舟船，历代为患。蜀郡太守李冰发卒，凿平溷崖。大渡河河神奫大怒，李冰于是操刀入水与神决斗，他念没念"避水诀"无从得知。结果是平息溷崖，通正了水路，开出河道的地方即是李冰所凿。富有深意的是，四川人尊敬的"川主"，如今俨然就是水神李冰。就是说，在漫长的岁月嬗变中，李冰不但"僭越"了奇相的香火，而且也把"奫"的名位一并囊括了。这就形成了一个悖论：如果骆秉章对蜀地的民俗寓目更广知道蜀地的河神是李冰，那就不妨去祭祀李冰；但他显然不明就里，相信一个神管理一条河，可是又不知道大渡河的河神就是"奫"，胜利者企图以河神的名目，囊括大神小神、鬼蜮魍魉于麾下，这不是违背了"子不语怪力乱神"的礼仪吗？

这个故事等于告诉我们，河神、城隍、土地之类，均是皇权制度的捍卫者。看来，河神不但在大渡河显灵，还在涪陵的乌江、宜宾的横江战役中也在拼命保佑制度。

在紫打地的河滩上，我内急得不行，见四下无人，只好朝大渡河撒尿……想到松林河与大渡河交汇处就有一种珍稀鱼种叫"鮀鲫"，本地人称之为桃花鱼，在桃花汛期从溪流奔出，只能长到十几厘米长，公鱼身上有一条花纹似彩虹；母鱼没有花纹。那是中国特有的一种小型鲤科鱼类，分布于汉源县、石棉县、双流县、都江堰市、彭州市等地。真要在这里找河神，我以为"鮀鲫"才实至名归。

明朝时，一个文人对于"汉源八景"之六的"大渡晴波"，题写了一首诗：

> 玉斧当年划界，
> 金渡近日浮烟。
> 一舸中流迅发，
> 休夸急箭离弦。

诗艺一般，但展示了大渡河晴天状态下的迅猛奔流。

此时我一回头，看到松林河北岸的"剐老鸹山"云遮雾绕，有很多乌鸦在乱飞。

当地人从不文绉绉地称乌鸦，他们只说老鸹。乌鸦、鱼鹰都叫"鸹"，可见老鸹这个词在石棉、汉源一带的乡村使用频率很高。

传说彝文是一个叫"阿苏拉则"的人创造的，号称书祖。他是家喻户晓的大毕摩。传说阿苏拉则幼年不善说话，整天不作声，做事怪异，常常整天在外。原来他每天都被一只神鸟引到密林，那只神鸟在树枝上吐黑血，他便用这些黑血在纸上书写，形成一个个的彝文。母亲来丛林里找他，惊走了神鸟，阿苏拉则创制彝文还未完成就被迫停止了，因此现在的彝文还有些不够用。

那只神鸟就是鸦。

毕摩们精通"鸦语占"，若遇鸦噪便是"乌鸦叫丧"，则要按乌鸦噪鸣的方位和时日翻阅《阿吉伙博》即《解鸦语经》以占其所兆。这与藏族经文《以乌鸦的叫声来判断吉凶》异曲同工。不同民族的通灵者，均是乌鸦。

我猜，乌鸦翔集的大渡河上，石达开没有读懂这"鸦经"。

我眺望河面乌鸦的跃动，它似乎要把鹅卵石提到空中。我慢慢地发现有一个不变的法则，不管它们是群飞向右，群飞向左，或群飞向上，群飞向下，都以某一定点为中心。可以画出数个旷大的漩涡曲线来，并造成阴风的力量聚集。并且看到它们的首领就站在漩涡的中心，以尖利的鸣叫从鸦群上空掠过，就像逆风飞舞的呼哨，指挥着漫天起伏的韵律。黑羽毛如黑雪飞临，连鸠鸟等异兽也要退避三舍。有时，乌鸦竟然会从濒死者的面颊上扫过，死亡的腐气深入肺腑，乌鸦黑眼睛突然血红，显得强悍而肆无忌惮。《本草纲目》指出，人吞下乌鸦的眼睛就可以"见诸魅"，或者把乌鸦眼珠磨成粉撒进眼睛，夜能见鬼，这些记载充分展示了乌鸦灵化的一面，虽然不可当真，但医者的诗意却跃然纸上。

乌鸦全身漆黑，犹如反光的黑铁，似乎浸透了黑暗的浓汁水，而且叫声凄厉，像金属片被迎风撕裂，令人联想到死亡的颜色。但汉代人却把乌鸦看做吉祥鸟。据晋代干宝所记，景帝三年，"有白颈乌与黑乌群斗楚国吕县，白颈不胜，堕泗水中死者数千。"这预兆着楚王刘戊附吴王谋反，兵败后逃往丹徒，为越人所击，堕泗水而死的后事。由此看来，在汉代人眼里，乌鸦是胜利的象征。延至唐代，也颇行鸦卜。段成式说："人临行，乌鸣而前引，多喜。"

人之将死，与鸟何干？与其说是乌鸦加速了死亡的到来，不如说死亡本就是按部就班的，不能恨乌鸦。但在这个时候，我却想起了另一件事，乌鸦在空中写出的字，都是无法涂改的，这太值得喜好涂鸦的写作者警惕了。所以，每当看到乌鸦停在屋顶和草地上，三五成群，像一堆发出晶光的煤，由于长时间一动不动，如大理石雕琢的沉思者，面对着更为孤寒的世界。

当一层阴影重叠于另一层阴影之上，与唐友耕不同之处在于，躺在官椅上的酷吏洞穿女色，渴望着不见天日的龙阳之癖。清廉的骆秉章此时的心情宛如悬鹑百结。

他一方面额手称庆，另外一方面长吁冷气。

石达开在利碛堡

　　每年 6 月份，石棉县境内的大渡河河谷的灌木丛林之间，点缀着的枇杷树均已经挂果成熟。在南桠河畔，就有成片的珍稀野生枇杷群落，其中不乏 100 年以上乃至 800 年以上的枇杷古树，我在汉源县也见识过这样的枇杷古树，因此有专家认为，这极可

利碛堡全景（王泽清／摄）。选自《松林地土司志略》。

能是世界枇杷栽培种植原产地。其实，这至少暗示了蜀身毒道自古以来的南北传输之功。

这神奇的枇杷，石达开是否尝过一颗呢？

石达开在大渡河一战中从马鞍山大营撤退的情形，让置身在大渡河东岸安庆坝（安靖坝）高地上的唐友耕一览无余，他后来回忆如下："他退兵时，我望得很清楚，依旧整整齐齐，丝毫没有拥挤凌乱之节，官军如何做得到！"这也可以视为带兵多年的唐友耕的一种比较法，他不能不佩服石达开。我想，石达开一直到覆没的最后一刻，始终充溢了无法伤辱的自尊与气度。

1863年6月9日中午，石达开率领仅剩的七八千人离开紫打地向东突围，朝小水河方向前进。

经侦察发现，马鞍山和松林河之间为清军与松林地土司大军防守的真空地带，便秘密派人前往松林河上游村寨寻找粮草和出路。这支寻粮队伍到达乔白路堡子时，遭遇堡民顽强抵抗，进展并不顺利。土千户王应元发现石达开在另谋出路，便派遣土通把王自楹率土军精锐千余众，于松林河上游磨房沟（今石棉县先锋藏族乡金坪村）用巨木搭桥，悄悄渡过松林河，在雅寨将太平军寻粮队包围并剿灭，还俘获太平军带队首领汪二麻，将石达开最后的粮道斩断。

据民间传说，"这个汪二麻非常彪悍，为石达开手下得力干将。交战中，王应元的土兵用弓箭射他，扔梭镖刺他，都不能伤其分毫，多名土兵反被他杀死。王应元土军见状，无人再敢上前与之交战，只好将汪二麻围困在一块大石头上。土军中一个善使长靶锤（矢石）的彝兵，趁汪二麻饥渴疲乏走神之机，用飞石将其胳膊打断终将其擒获。随后被押解过松林河，关押于磨房沟清

117

明田周家碉楼内。两天后，土通把王自楹来磨房沟监斩。斩杀前，王自楹询问汪二麻有何遗言？汪二麻说：'要是能吃顿饱饭，喝顿饱酒，死了都值得。我汪二麻死后，石达开天下已去一大半。'汪二麻酒足饭饱后被斩杀，头颅悬挂于清明田大树上示众，尸身被抛于离磨房沟口不远处的松林河大漩处。奇怪的是尸身漂了三天三夜也不走，村民见状非常害怕，便将其头颅从大树上取下抛于一处后，尸身才随松林河水漂走"①。

石棉县利碛堡内，目前仅剩下的老房子。(蒋蓝／摄)

6月10日晚，石达开到达如今石棉县西侧的藏族人居住的利碛堡（后来改名为利吉堡）。这两天清军与土司兵对他们只是遥遥尾追，不敢逼得过于靠近。毕竟兔子逼急了也要咬人，何况是

---

① 2015年6月6日，石棉县先锋藏族乡金坪村磨房沟周思联的讲述。引自周万任《松林地土司志略》，四川民族出版社2019年3月版，第74页。

石达开这样的狡兔！大部队到达利碛堡，发现老鸦漩也在涨水，由于水面更为浩大，情况比紫打地似乎更糟，因为紫打地毕竟还有相对开阔的河谷，而老鸦漩乱石耸立，全是一片水的世界。前无去路，后有追兵，树皮草根罗掘俱尽，已经到了真正绝境，人人热泪长流。现在，再等着泪水变成冰凌。大家不愿意束手就擒，决定次晨与追兵决一死战。当天石达开召开了最后一次会议："妖来背水一战，幸而胜则图前进，不胜则主臣赴彼清流，断不受斧钺辱。"计议已定，石达开就与家人决别。

广西贵港一带多种稻米，水稻沉甸甸地弯下腰来，仰视南国的天空。现在，石达开终于明白，紫打地、利碛堡一带的农田里，不翼而飞的农作物，已是被天空断然收回了吗？石达开此时，变成了一头不想再喝血的豹子。

石棉县域的藏族分布以松林河为界，河之北的上八堡藏族自称"木业"或"木雅"，下八堡藏族自称"尔苏"或"鲁苏"。旧时汉族统称我国西边各族为"番族"，彝族称藏族为"卧助"，历史文献和旧志称为"西番"。石棉县境是西番也就是尔苏藏族和木雅藏族分布之地。据考证，尔苏是最早到石棉县境的民族，木雅先民约在400年前迁居到此地，历史上所称的上下四十八堡就是指木雅藏族和尔苏藏族居住的堡子，由松林地藏族土司王千户管辖，石棉的藏族以传统种植业为主，信仰藏族的原始苯教。如今，这个地方吸引人之处绝对不仅仅是石达开，而是每年农历八月十五下八堡尔苏藏族举行的"环山鸡节"，这一天是尔苏人迁徙定居的日子，也是祭奠祖宗的日子。

"环山鸡节"值得一书。全堡子的人带上各种祭品上山祭祖；下山后吃杆杆酒，跳锅庄至通宵达旦，甚或三天三夜。农历十一月十五是上八堡过"环山鸡节"，晒佛、祭山，祈求来年风调雨顺、五谷丰登，跳锅庄、吃杆杆酒，全堡狂欢。"环山鸡节"传统上也是尔苏、木雅藏人过年，这一天过后人长一岁。这一节日中的一些民俗尤为罕见，比如木雅的求子舞蹈、白鸡祭山、火烧供品、白羊祭祖、杀牲掏心、嘛呢锅庄，还有尔苏的始祖碑歌、集体祭祖、祖先灵位供在山上等等，都堪称民族原生态生活的"活化石"。这一节日已被列为四川省第一批非物质文化遗产保护项目。

属于农场乡的利碛堡，从地理上看，利碛堡海拔 1600—2200 米左右，背靠 2300 米的大山老熊顶，环控南桠河与大渡河的交汇之处，有点类似于紫打地，属于非常重要的位置。

太平军到此，除了几间人去楼空的房子，别说吃的，就是一只耗子也抓不到。

战争的缝隙间，石达开一路接纳了大约 10 个王娘。他的第三任妻子马氏在紫打地突围期间已服毒自尽。石棉县本地士绅赖执中撰写的《翼王石达开紫大地蒙难纪实》记载说，到达紫打地强渡失败后，王娘马氏已经发现翼王陷入绝境，她劝翼王调整思路，另外考虑突围路径。为了表达自己不愿拖累的决心，她在一个深夜仰药自杀。所有书籍再无进一步相关记载了，我估计她吞吃的是鸦片。相传石达开将其葬于紫打地的营盘山，不封不树，毫无痕迹。

马氏的自尽，等于把失败的帷幕进一步掀开。

女人的眼泪不是枪膛的弹丸，但极可能是戳烂一个气场的针尖。另几位王娘如吴氏、潘氏、胡氏默默看在眼里。到达老鸦漩（一说在松林河）后，她们为了让男人无后顾之忧，关键是害怕被俘受辱，抱着两位幼子，哭喊声把河谷的水雾推开，她们携手投河。还有一位王娘刘氏带着石达开的儿子石定基，由两名侍卫带领，于深夜攀岩逃出险境，就此不知下落……伤员不愿被俘，也相继投河。

有些女人就仿佛是剑把上的丝穗，由于她们已经被手汗和血浸透，每当一股逆风把丝穗炸开时，它们飞舞的姿态从无韵律，依然呵护着剑把上的手臂。这种女人，恰恰因为都是阳光下的陌生物，觊觎者就拼命渴望得手。

也许伤心处太多了，石达开简直不能目睹这一切，这等于在割他的肉，但他已经没有血可流。因为，"最可怕的背叛就是找不到背叛者的背叛"。兴许，他那被天命所笼罩的预感，正在从石缝里冒出一茎笋尖……

退到一块大石头背后，石达开接受了军师等人的建议，希望再次祭起"诈降"的旗帜。这就引出了一段至今史学界议论纷争不绝的《石达开致唐友耕书》真伪问题。

我的看法很干脆：石达开致唐友耕的这封信是真实的。

围困石达开的所有官军里，重庆总兵唐友耕军事职务最高，他可以现场决断诸多事宜，正所谓"县官不如现管"。这在沃邱仲子的《石达开在川陷敌及其被害经过》一文里可以得到清楚证实。石达开从在涪陵一战开始，即知唐友耕，可谓是一个真正意义上的对手。骆秉章远在成都，如果致信于骆，这来回至少需要五六天，如何能解决断粮数日、已经靠吃马肉、草根甚至人肉过活的燃眉之急？这封信并不属于官方文件，骆秉章也不需要夹杂在官札当中。至于一个晚上石达开能否写出洋洋洒洒的信件，我想这不是问题，部队里的"记室"即可以根据石达开的口授予以谋划数千字。任乃强在《纪石达开被擒就死事》一文记载说：

四川总督骆秉章。原载《越
嶲厅全志》。

"四月二十三日，以书射达北岸唐友耕营"，"唐得书，不敢奏亦不敢报。石军不得复"。唐友耕收到石达开的信后，隐匿不报，也没有回复石达开。这个结果十分符合唐友耕的处境。无论是答应还是否定，他都没有这个能力来决断。

收录到《唐公年谱》里的信件，我分析唐鸿学在称谓等字句上确有篡改之处，但没有伤及实质。

力行实践要成为"儒者"的唐鸿学为父亲编《唐公年谱》，将石达开写给唐友耕的信收入其中。现在看看争论最大的石达开书信——

石逆先期致公书云：

窃思求荣而事二主，忠臣不为；舍命以全三军，义士必作。缘达生逢季世，身事天朝，添非谄士，不善媚君，因谗而出朝，以致东奔西逐；欲建白于当时，不惮旰食宵衣。祗以命薄时乖，故尔事拂人谋，矢忠贞以报国，功竟难成；待平定而归林，愿终莫遂。转觉驰驱天下，徒然劳及军民；且叹战斗场中，每致伤连鸡犬。带甲经年，人无宁岁，运筹终日，身少闲时，天耶？人耶？劳终无益；时乎？运乎？穷竟不通。阅历十余年，已觉备尝艰苦；统兵数百万，徒为奔走焦劳。每思避迹山林，遂我素志，韬光泉石，卸余仔肩；无如骑虎难下，事不如心，岂知逐鹿空劳，天弗从愿。达思天命如此，人将奈何？大丈夫既不能开疆报国，奚爱一生；死若可安境全军，何惟一死！达闻阁下仁义普天，信义遍地，爰此修书，特以奉闻。阁下如能依书附奏清主，宏施大度，胞与为怀，格外原情，宥我将士，赦免杀戮，禁止欺凌，按官授职，量才擢用。愿为民者，散之为民；愿为军者，聚之成军，推恩以待。布德而绥，则达愿一人而自刭，全三军以投安；然达舍身果得安吾全军，捐躯犹稍可仰对我主，虽斧钺之交加，死亦无伤；任身首之分裂，义亦无辱。惟是阁下为清大臣，肩蜀重任，志果推诚纳众，心实以信服人，不蓄诈虞，能依请约，即冀飞缄先覆，并望贵驾遥临，以便调停，庶免贻误。否则阁下迟以有待，我军久驻无粮，即是三千之师，犹足略地争城；况数万之众，岂能束手待毙乎？特此寄书，惟希垂鉴。①

石达开以"忠臣""义士"自诩，开门见山地表明自己写信的目的，不是"求荣而事二主"，而是为了"舍命以全三军"。这就是全信的核心。

姑且把萧一山、罗尔纲、史式、王庆成等先生的考证和推想搁置一边，我认为此信确为石达开所写。学者彭大雍、朱哲芳在《石达开在大渡河被俘投降平议》一文里指出："《翼王石达开致清朝四川总督骆秉章书》是石达开自赴清营被俘前写的，其真实性毋庸置疑。"我分析，此稿后为唐友耕抄写了副本，在撰写

① 《北京图书馆藏珍本年谱丛刊》，北京图书馆出版社 1999 年 5 月第 1 版，第 173 册，第 285—286 页。

石达开在利碛堡

《唐公年谱》时，在此基础上进行了语气、称谓上的大量改写。尊经书院弟子费行简在记述父亲费秉寅口述的回忆录《石达开在川陷敌及其被害的事实》里说，唐友耕的弟弟唐友忠读此信的感受是："他硬气极了，没一句软话，还带着点讥诮之词。"

所以，我以为这文本的基础还是真实的。道理在于：

其一，唐友耕是个官迷，官场第一，唯官至上。他深知骆秉章的"清正廉明"。骆秉章入川时，没有家眷、美女跟随，仅带一个侄子来照顾生活，他死后的存银仅 800 两俸禄。这样的顶头上司真可谓"油盐不进"，他怎么得罪得起？

其二，如果篡改石达开信件，将收信人骆秉章改为唐友耕的话，那么，在骆秉章数次提审石达开过程中，真相是非常容易弄清楚的。唐友耕怎么敢呢？这不是玩火，而是在玩脑袋！

其三，石达开深知将在外君命有所不受的道理。唐友耕作为紫打地两岸清军的最高职别指挥者，他当然而且只能与唐友耕商议后事。语气客气是必然的，在绝境情况下，哪有提条件的一方还倨傲摆谱之理？

其四，如果是写给骆秉章的信件，为何在骆秉章的朝廷奏稿里从未提及？这么重要的对象不可能被他忽略啊！

其五，石达开所谓悲观消沉之词，我以为，消沉肯定有之，只是语气、程度上与后来所见文本有较大差异。信中的石达开沮丧悔恨、悲观绝望的思想情绪，不能自抑，溢于言表，催人泪下。

《唐公年谱》里还承认，正是唐友耕下令诛杀大树堡禹王宫的太平军二百余名官员及二千多名战士！诛杀俘虏，未必是堂皇战功，但唐友耕认了。把他绝不承认毒杀石达开儿子石定忠是自己的馊主意相对照，可以发现唐友耕的言行具有相当真实性。因此，断言唐友耕伪造石达开信件，缺乏证据，尤其缺乏反证。

一个从血海深处走过来的人，还有什么值得乞求？

石达开对骆秉章"低三下四"，他不得不矮下身段，提出部众投诚的条件，大体概括为二点：一是请骆奏准清主，对其将士宽大为怀，格外原情，"赦免杀戮，禁止欺凌"。二是希望骆能安置收编其部众，或遣散，让他们回家去当顺民，或者收编，"按官授职，量才擢用。"石达开反复表示：如果清朝政府能推恩布德，安抚其部众，则自己舍身捐躯，死而无憾；即使是斧钺交加，身首分裂也心甘情愿。

藏族土司王应元。原载《越嶲厅全志》。

如今看来，"义王"石达开太天真了。

这一次，历史铭记的，却是失败者。

直到石达开死后40年，有"野才""狂生"之称的文人陈澹然（1859—1930年）所撰的《江表忠略》之中，还有这样的记叙："至今江淮间犹称……石达开威仪器量为不可及。"那个胜利者唐友耕呢？那个胜利者刘蓉、骆秉章、唐迥呢？在"不可及"的卓然之物面前，历史没有为他们留下更多的文字，他们就像石达开运道成风所带起来的碎屑，一百多年之后，飘进了我的眼睛！

这封信里，失望与痛苦宛如静水深流。石达开渴望"一人自刎，三军安全"，但也希望"舍身果得出全吾全军，捐躯稍可仰对我主"。这说明了他多少有些一厢情愿，未能勘破官场的厚黑，他顺着自己的心愿而继续抒发情感："虽斧钺之交加，死不为辱；任身首之分裂，义亦无伤"。这是石达开在最危急时刻，在远离洪教主数千里外，从他内心发出的深深怀念与忏悔。

但即便自己身首分裂了，又如何能救赎众命?!

1920 年代，诗人、词学大家卢前在成都大学教学时期，读到了"石达开致唐友耕"信件，他感慨万端，题写了两首散曲。在无数学者群起聒噪信件真与伪的背景下，他却从性情的深水里打捞那一抹众人视而不见的苍凉，这也是我们唯一能够见到的因此信而发的绝作——《【南双调 玉抱肚】书石达开致唐友耕柬后二首》①：

南都遗恨，蓦回头朱门白门。望乌江一例前程，梦扶余总是奇人。东南到处有啼痕，慷慨知君涕泪新。

苍天何意，饱风霜征衣锦衣。展雄图卷土重来，叹良谋画饼充饥。西家娘子旧相知，此度低头忍笑啼。

第一首苍郁之气盘桓往复，不难理解。第二首的结尾颇出人预料，卢前回到了现实，历史的创伤恰在邻家女人的笑声里土崩瓦解。这是怎样一种无语啊。

…………

---

① 凌景埏、谢伯阳编《全清散曲》，齐鲁书社 1985 年 9 月版，第 2264 页。

还是让我们回到被大渡河涛声包围的利碛堡。

这一带，以及擦罗的山地间，在清末、民国年间常有豹子出没。石棉县文化局干部、白马藏人姜成强告诉我，在藏语里，"擦罗"的意思是"太阳升起的地方"。

对老鸦漩、擦罗、凉桥等太平军遗迹一直不能忘怀的朱偰先生，后来又在笔记里记载了数条珍贵回忆，其中有《擦罗豹吠》一条：

擦罗在乐西公路大渡河至冕宁道上，当西康省越嶲县境。地处深山，万木丛礴，居民大半为保夷，汉族不过十之一二。按擦罗二字，即为夷语，意为"鹿苑"。（蒋按：查由四川省石棉县地名领导小组于 1985 年 10 月编印的《四川省石棉县地名录》，指出擦罗为彝语音译，意为"追赶鹿子的发声"。）据传其地有泉，多生麋鹿，夷人游猎其地，视为乐园。1941 年夏，余奉使西昌，行经擦罗，夜宿森林小屋中，事前土人警告，夜间多豹，出没无常，居人须紧闭门窗，以防阑入。是夜果闻远近豹吠，声促而厉，杂以吼音。默念王维"深夜寒犬，吠声如豹"之句，游子于长途旅行中听此，颇觉别有风味。[1]

这就是说，我从田野中得到的调查与朱偰先生的考察产生了矛盾，但也许正是来自彝语与藏语的指涉与交会，东方的擦罗，就以一种犬牙交错的态势，成就了豹的孤独。

豹子的全身被愤怒烧红，眼睛像要开锅，它们用嘶吼来表达内心的沸腾。

---

[1]　《天风海涛楼札记》，中华书局 2009 年 6 月第 1 版，第 158 页。

但还有一头豹子，已经从吼声里逸出，回到了一块石头上。

天色暗下来，石达开倒在利碛堡路边的石头上，像一头虚脱的豹子。他太累了。在这一带居住的藏人早被官军赶走了，他们细心地带走了一切可以果腹的东西。就是说，连土里生长的蔬菜、水果全部毁坏殆尽。至半夜，石达开接到卫兵突报，军师曹卧虎已悄然投河。就是说，曹卧虎在完成那封书信后，明白大势已去，他的自杀可能更有"误军"自责之意。

彝族土司岭承恩。原载《越嶲厅全志》。

一天早晨不到7点，我在利碛堡一带徘徊，这里是太平军最后的扎营之地。

时空对位，如今已经是紧邻石棉县中学后操场的小山岗，海拔700米。我见到穿着校服的学生，他们手里拿着糕点，热气直冒；耳朵里塞着耳塞，音乐倒灌出来，从我身边飘过……这里无法俯瞰大渡河，只能听见气息微弱的涛声，就像大地渐行渐远的脉搏。

我顺着宽阔的水泥路往堡子里走，穿过成片新建的藏式建筑，我看到了几间老土坯房子。一个村民在收割肥硕的牛皮菜。他的汉语很好，尽管他是尔苏人。他不知道石达开，他知道"长毛曾经来过；还有草豹偶尔下山来偷吃的"。

这时，尚有一轮淡月挂在老熊顶上，星图尚未褪色，可见高天流云如病马一般颠簸而行，鬃毛张开，又像星星的绒毛。奇怪

的是，一个人独自面对月亮，尤其是那种明晃晃的月亮，总是滋生顾盼自雄之气；一旦置身于星空之下，人就变得卑微一如尘土。这是否暗示：圆月本就是一个自以为是的浅薄者呢？星群之中，箕水豹展开了它的身躯。

箕水豹又称箕宿，汉族神话中的二十八宿之一，东方七宿第七宿。源于汉族人民对远古的星辰自然崇拜，是古代汉族神话和天文学结合的产物。属水，为豹。为东方最后一宿，为龙尾摆动所引发之旋风。故箕宿好风，一旦特别明亮就是起风的预兆，因此又代表好搬弄是非的人物、主口舌之象，故多凶。

他似乎看到了早年自己在广西贵县老家山林里，那一头悄然落在自己身后的大豹子：一次他进山打猎，突见几只豹子团团围住了一头老山羊。山羊已经瘫倒在地，四肢抽搐，哀哀可怜。石达开心中大怒，挥刀冲进豹群。只见一只公豹从树后跃出，毫无声息落在他身后。石达开反手出刀，豹子头被生生劈开，白色的脑浆溅到他手臂上。另外几只豹子一见，纷纷退却。石达开并不追赶，冷笑道："欺人清妖，有朝一日，就是如此下场！"他似乎恍然了，那头被自己生生劈开脑壳的豹子，可能就是自己……

这是一个自己杀死自己的循环。犹如一条吞噬自己尾巴的蛇，不断吞噬自己又不断从自体再生。但是，劈开的豹子头流出的脑浆，不但没有流回，反而像降临在利碛堡的夜露，突然打开了十万只眼睛。

一个拥有灵魂的人，一定怀抱秘密。置身利碛堡的石达开，头上是星空的谶语，还是不漏一丝缝隙的黑铁？也许，仰望星空，就是在凝望过去。透过巫婆褴褛的衣衫，豹子双眼的炭火，正在熄灭。

置身利碛堡的石达开，头上是星空，还是不漏一丝缝隙的黑铁？

大树堡与禹王宫

1908 年，伟大的植物学家尔尼斯特·亨利·威尔逊考察途经汉源，多角度地拍摄了清溪古城全貌。从这些珍贵的照片里，可以看到坐落在山间平坝的清溪古城，四周有完好的城墙，城墙上的雉堞历历可数。城墙内是纵横交错的阡陌、鳞次栉比的房屋、屋舍俨然的书院。城中房屋沿十字形中轴线分布，树木掩映，白墙黑瓦的建筑错落有致，呈现出一派祥和安宁的山中气象。这样的静谧时光，直到百年之后的今天，被几十里梨花树围合的清溪古城，阳光之下更散发着一种可人的慵懒。

瀑布沟水电站提高水位后，大渡河如今河面宽阔如巨湖，一派碧水蓝天。我乘坐游船而来，但河上大风力道甚劲。这与闻名遐迩的清溪大风有关。古人说"黎风雅雨西昌月"，与优雅诗意的雅安细雨相比，"黎风"充满了狂野与不羁。"黎"就是清溪的古称，说是每年冬春季节，大风将至之际，若是站在山顶眺望，便可见大风以排山倒海之势顺山扑下，直扑清溪城。飞沙走石，路人不敢逆风而行，只能背风慢走。冬春午后，几乎天天如此。因此，清溪也是名副其实的"风城"。

大风中，大树堡摊开了它粗粝的掌纹。

此地海拔 820 米，位于汉源县城西 5 公里的大渡河中游宽谷的南岸，东越偏墙岩、麻家山，连桂贤、料林两乡，西过谷堆楔入小堡，北与青富、市荣，相隔于大渡河，南与晒经乡交界于龙塘山。总面积约 30 平方公里，除新沟地处高山之外，新民、富华、大瑶、麦坪、中坝、海螺、摆鱼、新村的自然条件都较好，是汉源粮产区之一。

大树古为邛都夷地。明万历十三年（1585 年）普雄诸酋反叛后，始置镇蛮堡，后因长达 1000 米的街道口处有一棵大树，其姿婆娑，古意盎然，被视为吉祥之物。

2000 多名太平军被杀害于禹王宫内，地点就在这片大渡河形成的湖泊一般的水域之下。（蒋蓝／摄）

当时的大树镇（现称老镇）是清溪镇以南一带政治、经济、文化、商贸的中心。正因如此，大树镇历代均有驻兵，以戍守大渡河之意名"大戎堡",后来"大戎"才演化为"大树"。后来改为大树堡而入播州;民国时期置越嶲县佐,设大树镇。建国后划归汉源县,仍置大树镇,1952 年分置大树镇、海螺乡,1958 年并乡成立大树人民公社。

汉源县境内的尔苏藏族大部发源于如今大树区的各乡镇,古笮都遗址在盐官坡,因建设瀑布沟水电站,考古人员在汉源县大树镇麦坪村发现一处新石器时期人类活动遗址。在此之前,考古人员在汉源县大树镇已发现的 6 处遗址,属于一个呈连续分布状的大遗址群聚落,分布极为密集。遗址总面积达到了 10 万平方米,这在新石器时代堪称为一个巨大的中心聚落。遗址当中除了居住区之外,还有墓葬区、作坊区等不同的功能区间。其中,石棺葬的发现是西南地区考古中的一大收获。

麦坪遗址的先民们将死去的亲人就近埋葬在居址旁边,墓葬采用当地盛产的石板砌成石棺,在墓内死者的头部和脚部位置放上几件死者生前使用过的陶器和石器,最后用石板封盖,掩上泥土。这种"以石为棺"的埋葬方式被考古学家称为"石棺葬",过去认为这可能是古人流行的一种葬式,年代都没有早过新石器时代。麦坪遗址发现的石棺葬,是迄今为止西南地区年代最早的石棺葬,它为探讨这种古老葬俗的起源提供了新的资料和证据。

考古专家称,地处大渡河中游的汉源大树镇,已成为古蜀文化除成都平原外早期文化遗存最为集中分布的地区。

毫无疑问,麦坪为南丝绸之路的重要驿站。南来北往的马帮走到麦坪,在此歇脚,向北翻越大相岭可到成都坝子;往南走,穿过深溪古道,翻越小相岭可到西昌和云贵;往西进入青藏高原;往东则是长江、中原,形成了东西南北"米"字形的交会区。

公元前 97 年，汉武帝时改笮都为牦牛县，可见今汉源县的藏族与历史上的笮都羌或牦牛夷，都具有密切关系。

大树堡处于大渡河 I 到Ⅲ级阶地之上，地平土厚，气候温和而湿润，堪称富庶之乡。新中国成立前，贪官劣绅视为致富之地，欺压抢掠无所不为，导致"风沙埋农田，农家被水淹，场镇尽凋零，人民受苦难"。新中国成立后，发展生产鼓干劲，首开林罗堰，锁住狮子沟，又把长虹架，使大树公社发生了翻天覆地的变化。

大树是久负盛名的军事要地，也是"南方丝绸之路"灵关道上的重要驿站之一。除了 1863 年太平军曾在此与清军鏖战数月之外，1935 年旧历五月二十二日中国工农红军长征时，左权将军率部经过大树，遗有不少革命事迹和文物。

汉源文化人王洪明先生用三句话高度概括了汉源县的历史文化特色，那就是："唐代古寺续古今，天国翼王兵折大树，工农红军三战汉源。"

大树镇成为于历史的高台，恰与石达开部密切相关。

太平天国初期六王，每个王均有数百到上千名武功高强者组成的侍卫部队。

1862 年，唐友耕与石达开激战于宜宾、江安、高县、长宁、兴文等县，石达开"有死勇、亲兵五百人，随之不离左右，其余匪众，泽波出令分为三路：云贵人一路；四川人一路；湖广人一路。云、贵、川省人令各逃走，湖广人尽屠之。诸降灭服，李广数奇，此泽波所以不受封也。"[1] "李广数奇"之典，出自《史

①　民国二十年修订本《大关县志稿》，见《昭通旧志汇编》，云南人民出版社 2006 年版，第 1350 页。

大树堡与禹王宫

记》卷一百九《李将军列传》，"数奇"是指命运不好，遇事多不利；奇，古人以双为吉而奇为凶。而文中提到的翼殿的这500人，无疑是石达开的近身侍卫，太平天国里的军事称呼是"参护"，也称"牌刀手"。

但1863年五六月份的大树堡，已经没有参天大树了。

由于全部力量消耗在强渡大渡河与松林河，在紫打地的石达开中军所剩下的2000余名太平军将士，被清军称为"悍将"，由周宰辅率领，根据清军"受降"的线路安排，他们携带武器经回龙、海棠、清溪峡，沿河南乡乱石密布的宰骡河蜿蜒，再翻越晒经关转移到越嶲厅大树堡"接受改编"。抵达后，被清军李寿廷、羊家升安置到大树堡南门的一座禹王宫之内。

汉源县大树镇禹王宫的柱石。

到达大树堡太平军的具体人数，1982年10月编印的《四川省汉源县地名录》记载的数字是2200余人。

从海棠镇出发经过陡峭幽深的清溪峡时，他们想到过没有，就在两个月之前，翼殿前锋赖裕新统领的2万多人马，大部分就被劈头而下的檑木滚石砸成肉饼！

他们一定闻到了那一股尚未散去的血腥！

周宰辅是谁？

太平天国设有丞相之职，并分天、地、春、夏、秋、冬六官，每官又分设正、又正、副、又副四员，共24员。但太平天国的丞相与中国历代丞相的宰辅职能不同，位居于王、侯之下，直接受到军师节制，而军师才具有宰辅的职能。

翼殿中，宰辅也可以领某军，按照领军将领的资历和功勋比对，军似为旗下，如领中旗的宰辅赖裕新和后旗余忠扶，就高于领武卫军的宰辅蔡次贤，军内中高级职衔有统戎如饶建美、张志公。当然，由于后期翼殿官职变化较大，旗与军的上下级关系可能随时随地而变化，不能一概而论。

鉴于翼殿尚书周北顺已被东王杨秀清诛杀，所以我估计，此时领军的周宰辅极可能是周北顺的族裔。

太平军当中百分之八十是广西籍，属于"老营"出身。这2200人当中有大小将校180人，无疑是石达开翼殿的最后精血所在。太平军的武器、辎重存放在禹王宫后面的一座武侯祠之内。为了活跃气氛，清军杀猪宰羊，款待极好。

已经几天没有吃过饱饭了，太平军吃过饭，天色就暗下来。

这一天，是1863年6月19日。

查阅《越嶲厅全志》，对这一幕有详细的记载。作者孙锵（字玉仙，1856—1932年）先生在越嶲厅为官十二载，历经30年，他与儿子马湘（官顺天府学教授）、马枌（官云南陆良、罗平等州知州）继续增订、补修编纂而成的《越嶲厅全志》"见重于蜀"，被誉为一代"良史"。该书卷六《武功志》记载了五月五日飞舞在大树堡上空飞龙在天一般的"火标"——那是清军放火屠杀2200多名太平军将士的信号：

"大树堡内清军以五月五日火标为号，唐军（唐友耕的部队）渡河，周围密布，尽其党歼之。贼中有善走者，纵步上禹王宫屋脊，即以枪炮击毙之。其藏匿禹王宫承尘上者尽搜戮之，投入大河者，无一生还。"1945年，都履和根据李左泉《石达开浍江被困记》整理而成《翼王石达开浍江被困死难纪实》，同样指出屠杀之日，也是清同治二年五月五日。禹王宫早已经毁弃，地点就在后来的大树镇小学。①

我参照了沃邱仲子所写《石达开在川陷敌及其被害的事实》，他根据父亲回忆进一步描绘道：

"这噬人大火是庙里庙外一起点燃的。清兵先把柴草浇上麻油，放火点燃，一是为了照明，二是防止太平军逃跑。当时庙内有一个道士法号'果成'，本姓姚，成为了内应之火。事后他被骆秉章授予'巡检'一职。太平军的辎重，后来被李寿亭、胡耀光、罗廷权等人瓜分。这帮屠夫后来纷纷回到成都买田置地，成为巨富。罗廷权因此还成为了资州知府。"②

禹王宫四周，环列着数千名手持弓弩、滑膛枪的清军。一旦发现纵跳到围墙上的太平军，见一个打一个；那些没有能力冲出来的，均被活活烧死在禹王宫内。

① 见《雅安地区文物志》，巴蜀书社1992年版，第156页。
② 见《石达开新论》，团结出版社1989年12月第1版，第158—159页。

屠杀持续到天明，清兵将尸体拖到大渡河边的古渡口"大漩头"，将尸体抛入大渡河。禹王宫距大渡河不到一里路，处理尸体应该很方便。在绵长的大渡河水面上，上千具尸体宛如黑亮的鱼鹰。天大亮了，清兵撤走，当地乡民把散落各地的尸体收集起来，掩埋于禹王宫下边的一个凹坑，后人称之为"千人坑"。

2021年3月1日，汉源县文史学者郭朝林、张永承带我来到大渡河大桥附近，他们指着河边对我讲："汹涌澎湃的大渡河流至青冈嘴，为南岸高峻巍峨的龙塘山所阻，东折，沿北岸葫芦岩山脚绕行，东向，形成一道优美弧线。由此，在大渡河南岸孤堆山至麻家山的龙塘山东麓形成长10余里、宽4余里的南高北低的平缓沙洲。沙洲东南处，依山傍水建大树古镇。古镇是大渡河南岸南方丝绸之路上的重要驿站，与斜对岸桃坪、富林遥遥相对。古镇上，官衙、学宫、祠庙、古柏错落有致。放眼望去，屋舍俨然、客栈密布、商贾云集。大渡河流经麻家山下，形成一巨大洄水滩，暗流涌动，当地人称作'大漩头'……"

他们特别提及，围困在禹王宫里的2200多名太平军，其中的确有少量武功高强的将士，奋力冲出重围，在"大漩头扑河"。

"扑水"与"扑河"，其实是典型的粤语方言词汇。这些流传在石棉、汉源地界的词语里，依稀可以发现这些词，应该出自粤闽一带的客家太平军后裔之口。

见大事已毕，雅州补用知府蔡步钟在杀人现场立了一块大石，上书"鲸鲵封处"四个大字。鲸鱼雄曰鲸，雌曰鲵，原指狠毒之人，这一典故出自《左传·宣公十二年》："古者，明王伐不敬，取其鲸鲵而封之，以为大戮。"杜预对此注道："鲸鲵，大鱼名，以喻不义之人吞食小国。"

作为"钓网所不能制"的魁桀，恰好，太平天国军师洪仁玕在《诛妖檄文》里就说："雍正、乾隆以下，奸奴和升（珅）揽权，卖官鬻爵，荼毒等于鲸鲵。"这个"鲸鲵"是恰如其分的。

到底谁才是鲸鲵呢？

李白杂曲歌辞《枯鱼过河泣》，讲的是白龙入渊化为鱼，为渔人豫且射中眼睛，于是白龙诉诸天帝。天帝问当时何形，答言化为鱼。天帝以为渔人无罪，过在白龙化鱼。因为"作书报鲸鲵，勿恃风涛势。涛落归泥沙，翻遭蝼蚁噬……"。意思是说，白龙作书报告了海中鲸鲵，千万别恃风涛之势上岸。因为海涛落下，终归泥沙，翻遭蝼蚁小虫们嚼噬……

我和雅安作家赵良冶坐在曾经的禹王宫建筑材料上。（蒋蓝／摄）

看来，制造"封处"的"蝼蚁"们，此时正腰力十足地"走在大路上……"。屠杀事件后来得到了骆秉章的默许，由此可见唐友耕、骆秉章之于"蝼蚁"的息息相通。

近年自从瀑布沟电站大坝建成蓄水以来，汉源老县城和大树堡古镇都被淹没。今天的新县城和大树镇，都是建在半山腰上的移民新城镇。河南乡和大树堡都位于大渡河以南，在民国以前还是越嶲县的管辖地，不知在何时划归了汉源。曾经历史沉淀厚重的大树堡、富林镇、清溪镇，只因为瀑布沟电站的建设，使得一些千年文化遗迹从此消失于水下……

"鲸鲵封处"碑消失了。禹王宫消失了，但它的部分建筑材料被保护下来，成为那个血腥之夜的历史证词。

英国作家卡内蒂说："一个水面以上的脑袋，又给予了他说故事的力量。"其实，凡是石头从来都要说话。

在大树镇，大渡河与一条山溪汇合口，几棵黄葛树之下，堆放着部分禹王宫的大殿石墩、柱础、石凳、栏杆等文物。我用手抚摸这些冰凉的石头，砂岩的纹理反射天光，述说着那段撼天动地的历史。

后来我在汉源县一个文物收藏者家里，见到了更为精美的来自禹王宫的石雕柱础：那是他花钱买下来的，一个柱础高约为40厘米，直径约为50厘米，全部完好无伤，年代估计是明朝的。每个的重量约为500斤，颜色泛青，石质为细质砂岩类，很坚硬，非常大气。

这6个柱础，曾经一定支撑过高挺的大厦。这是不是太平天国初期六王的象征呢？

距此72年之后，仍是5月，还是在大树，也是一个生死存亡的关口，还是采用调虎离山的谋略，照旧是取道幽深险峻的清溪峡，依然是为了占领安顺场。蒋介石放出狠话：要毛泽东"做石达开第二"。

是的，我分明又看到了屹立不倒的大树。

大树堡与禹王宫

牌刀手孟德的故事

3 年前，雅安作家赵良冶老师陪我到汉源县参加梨花笔会，见到了当地作家、文史学者郭朝林先生。他后来发给我一篇根据口述记录而整理的文章《我的高祖是石达开保镖》。此文后来他再加修订，刊发在《汉源县文史资料选集》当中。

所谓保镖，毕竟是广义说法。这样的人，属于翼殿军中的"参护"，也叫"牌刀手"，是武功高强的近身侍卫。

2021 年 3 月 1 日，经过郭朝林引荐，我在汉源县见到了文章口述者——汉源县书法家协会主席孟宁。他祖籍江西樟树，现于汉源县国土资源局供职。他的高祖孟德，就是当年从禹王宫死里逃生者之一。以下是孟宁的叙述——

我高祖婆娘家在困牛塘

高祖一边养伤，一边通过杨茂德打探太平军消息。一个多月后，他彻底恢复健康。一天，杨茂德和他闲聊："好汉，你可以走了，去找弟兄们吧！"毕竟杨家也不富裕，一家老小辛劳一年，仅能勉强维持生活。

"恩人，弟兄们全军覆灭，我现在举目无亲，走投无路，好容易捡条活命，现在到处是清兵、团练，我又是外地口音。离开你家，死路一条。望好事做到底，孟德永远铭记你全家大恩，让我跟着你全家吧!"高祖恳切说道。

杨茂德思忖，眼下到处都是清兵、团练，游勇暗哨，多如牛毛，进出汉源的几条通道处处设卡盘查。朝廷历经 10 多年，就是要把"长毛反贼"全剿灭。一个外地人可谓插翅难逃。

"恩人，我有力气，你让我干活吧，我只有做牛做马报答救命之恩。"高祖再次恳求。恻隐之心油然而生，杨大爷遂决定冒险收留高祖。农耕之家无闲人，他家养着一条大黄牯牛，力大无比，烈性十足。生人走近，它奋蹄扬角，猛力直抵，俗语"这牛撇人的"。

"好吧，你就负责放牛，只是这牛野性大，小心被它伤着。"黎明时分，杨茂德把大黄牯赶出牛圈，想试试汉子能不能对付这头牛。牛见有生人，鼻孔急速喷出一股腥臭热气，闷着头，前蹄不停在地上刨着，怒视着高祖。说时迟，那时快，大黄牯昂头向着高祖扑来，高祖敏捷一闪，轻轻腾到一旁。大黄牯一转身又扑过来，高祖已跳到它侧面。只见高祖猛然伸出双手，抓着牛的双角，用力一拧，大黄牯趔趄不稳，"轰"的一下，重重摔在地上，好半天才灰溜溜爬起来。不友好见面，以大黄牯失败告终。高祖走过去，拉起牛绳，向河边走去……

日子一天天过去，高祖牢记杨大爷嘱咐：每天早出晚归，把牛赶到最远的河滩上，尽量避开外人。来回走小路，避免与生人接触。实在避不开，就说自己是杨大爷家外地亲戚，父母兄弟死光了，来投奔杨家。

从 1863 年石达开兵败，至 1911 年清廷覆灭，长达 48 年。高祖怎么能在杨泗营隐姓埋名结婚生子存活下来呢？一是杨家四邻关系处得好，高祖为人厚道；二是得益四川巡抚骆秉章、雅州知府蔡步钟向朝廷奏章，皆称：2000 余太平军精兵悍将"无一生还"！骆秉章、蔡步钟一干剿灭石达开的"有功之臣"都被朝廷进爵嘉奖。假若几年后，再报太平军的"精兵悍将"有漏网之鱼，属于"谎报军情"，那欺君之罪可是要掉脑袋的！

时光荏苒，日月如梭。高祖勤快、有礼貌，邻居有事也喜欢帮忙，家人融洽愉快。眼见高祖年龄老大不小的，杨家忙为他张罗婚事。

富林城东西各有一大沟，往西称"西沟"，西沟外原汉源县国土局处小地名"困牛塘"，散落着几户农舍，刘家二女贤淑聪慧，待字闺中，经媒人说合，与高祖成了亲。杨家把进龙门子左侧偏房让高祖小两口居住。几年后，高祖自己又建起一处房子，夫妻俩男耕女织，悉心打理着自己的小日子。

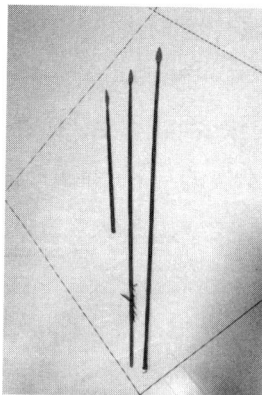

这是孟宁先生在大树堡拆迁时，偶然在一间民房房梁上发现的 3 支箭矢。根据判断，应该是太平军战斗遗物。（右为局部图）

小孩子"割孽"别当回事

一年后，刘氏生下曾祖，取名怀忠。童年时的怀忠，聪明顽皮，高祖母刘氏严加管教。此时，高祖经商数年，一家人勉强度日。一天上午，怀忠和小伙伴去流沙河边戏耍，适逢河对岸桃坪有一群男童也在戏水，大家隔河相约比赛"漂水碗"。约定，人数相等，列队两岸，每次每队一人，侧身用薄石片往水滩扔，水面上立即溅起一串碗状水花，水花最多为胜。轮到怀忠，不慎失手，石片飞过水面，将对岸一个姓朱的男孩头部击伤，鲜血直流。见闯下大祸，小伙伴纷纷作鸟兽散。下午，有十多个人，带着受伤男孩来到孟家讨"说法"，高祖一看，其中好几个人带着木棒、铁锹。

"把娃娃打伤就跑哈，你家长怎么管教的！"来者不善，进门就大声嚷嚷。

"小孩子不懂事，请原谅。回来怕挨打，不敢说，我们还不知道。实在对不起，所花医药费，我们家长负责。"高祖赔着笑脸。

"不行！一顿还一顿！"其中一个愣头青用木棒把地面杵得咚咚响，其他人也纷纷附和。朱家仗势人多，欺负孟家是外来户，无论怎么赔礼，这些人依旧不依不饶。

"好嘛，只有奉陪！你们等一下，让我给这头水牛把澡洗了再说。"见这群人油盐不进，欺人太甚，高祖铁青着脸说。

家里那头 7 岁多的水牛，拉犁拖耙力大无比。那些人不知高祖葫芦里卖啥药。高祖走向水牛，解开牛绳，双手平伸，穿过牛腹，托起那头近千斤的大水牛，脸不变色心不跳，一步步走向门外。龙门子外有条大堰沟，高祖慢悠悠浇水给牛洗澡。这群人见状，大吃一惊，连忙说："架就不打了，你家承担点医药费、营养费算了。"

"西儿妈"与"西儿奶奶"

孟怀忠慢慢长大成人，孟家在当地也算殷实人家了。家中有一条不成文的规定：忌讳说"孟"这个字，高祖母刘氏告诉家人：说"孟"不吉利。她私下告诉子孙：你家不是这里人，孟家是"长毛反贼"。你祖先是扑河来的。扑河是指高祖当年跃入大渡河逃命。

孟怀忠18岁那年，与大渡河对岸大树堡的李启莲成了亲，生下一子二女，即我的祖父孟成高，二女孟成珍、孟成芬。后来，孟成珍适大树赵家，孟成芬适西昌。平常街坊邻居们喊曾祖母为"西儿妈""西儿奶奶"。为啥有这个称呼？作为孟德五世孙的我，曾多次探问过曾祖母、祖母，两个老人也未解释清楚，抑或是知道原因不说。我大胆推测：民国时期，山西省主席阎锡山，人称"阎老西"；若有广东男子定居汉源，当地习俗则呼作"广娃儿""广儿"，既然如此，孟家是"长毛"，来自太平天国发祥地广西、江西，四邻喊孟家男子"西娃儿""西儿"也正常不过，喊曾祖母"西儿妈""西儿奶奶"就顺理成章。曾祖母三寸金莲，知书达理，娘家是大树粮户（地主），她悄悄告诉子孙，你高祖是石达开保镖，耍一根齐眉棍，水火不入，功夫了得。

1967年正月，曾祖母去世。

祖父成高 18 岁时，经人说合，与大渡河对岸大树堡街上（今富华村）的严桂芳成婚。严氏一族，亦商亦农，耕读传家，大树望族也，人丁兴旺，家财殷实，桂芳父亲，有七房姨太太。第二年（1934 年 5 月）生下父亲孟全清。约在 1936 年正月，祖父偶染伤寒，不治身亡，年仅 20 岁。此时，20 岁的祖母严氏，孤儿寡母，上有 60 多岁公婆，下有牙牙学语、嗷嗷待哺幼子，家庭顶梁柱塌了，生活即刻陷入困顿。1947 年物价飞涨，全家衣食无着，万般无奈，经人说合，祖母带着公婆、幼子三辈人，改嫁富林街上木匠郭子如。郭的祖籍九襄大木树，丧偶，经营木匠铺多年，为人厚道善良。祖母改嫁，不忍，为了延续孟氏一脉，曾祖母李氏、祖母严氏含泪与郭子如签订"纸约"：约法三章，郭子如必须做到：

　　一是尊老爱幼，对老人（李启莲）在生赡养，死后安葬；二是对孟全清抚养成人，不得虐待；三是孟全清及其嫡出子孙，必须姓"孟"，郭家不得强求改姓。

　　祖母嫁入郭家后，生子郭光全，住九襄镇清泉村。

孟氏一支在汉源

　　1950 年 3 月，汉源解放。父亲全清已是成年小伙。他担任富林镇民兵队长，与担任富林镇妇女主席的李炯秀自由恋爱成婚。生三男一女，长女、二子、三子、四子。

　　孟家结束三代单传历史。

　　父亲积极报名参军，然祖母不允，原因是怕孟家这根独苗有个不测对不起祖先。新中国成立初期，地质队在汉源、乐山、西昌搞地质普查，父亲给他们当通讯员，常年徒步奔走在汉源、乐山、西昌间，因刚解放，蓑衣岭、灵关道匪患猖獗，道路不靖。祖母担忧，遂让全清辞掉通讯员工作，父母亲积极参加"清匪反霸、减租退押"土改工作。一家生活在社会主义新中国，沐浴着党的阳光雨露。子女们或行政、或教育、或从医，始终坚守着"友善四邻、勤劳俭朴、耕读传家"的家训，生活幸福美满。

屈指一算，孟家在汉源已传至六代了。

根据郭朝林等人在当地的走访，现居住在大树镇的李春秀家，还有一张长条形的石头"贡桌"、柱础等物品。李春秀生于1944年6月，今年77岁。据李春秀讲，这个石头"贡桌"是祖辈传下来的，相传石达开被俘后，被押解到杨泗营时，曾经坐在"贡桌"上休息过。石头"贡桌"重约二三百斤，下面有一串阴刻文字，模糊漫漶，大致可以辨认出："大清道光之三十年岁次孟秋月二日立……住持比丘……"等字样，可见这一"贡桌"原属寺院的东西。而道光三十年为1850年，在时间上，是符合逻辑的。①

---

① 郭朝林《我的高祖是石达开保镖》，《汉源县文史资料选集》第九辑，2021年2月内部印制，第74—81页。

汉源县大树镇李春秀家的"贡桌"（郭朝林/供图）

汉源县大树镇李春秀家的柱础（郭朝林/供图）

凉桥永别

　　1963 年 6 月 11 日拂晓时分，清军和土司大军追击至三面环水的利碛堡，喊杀声震天。石达开率余部死战，突至南桠河上游的乔白马，准备乔白马旁的凉桥渡过南桠河，杀向越巂的大路，也许会出现转机。但清军和土司土军紧追不舍，在乔白马再次将石达开部包围。

　　呼天天不应！

　　在此，需要略微细化的叙述是——

　　1863 年 6 月 13 日一早，太平军营已是一片沉寂。许亮儒在《擒石野史》里描绘的情况是，吃尽草根、树皮、皮带等一切东西的太平军，内部已经开始发生人吃人现象。

　　历史可叹之处恰在于，深研《圣经》以至于被迷得七荤八素的洪天王，坚信吃"甘露"就可充饥，而且这是上帝的恩赐。他眼前的"甘露"就是"吗哪"。此圣物出现于以色列人出埃及后第二个月的 15 日，耶和华开始降下"吗哪"。从那一天开始，以色列民一连吃了 40 年，从不间断。研究者指出，"吗哪"夜间随着露水降在营中。形状仿佛芫荽子，又好像珍珠。以色列人把吗哪收起来，或用磨推，或用臼捣，煮在锅中，又做成饼，滋味有点像新油。

尽管是 6 月份，大渡河河谷的昼夜温差依然很大，附着在野草上的夜露很多。可惜的是，这样的露水，即便被包裹成灵光四射的"吗哪"，又如何支撑得起一支军队置之死地的信心？

红颜与朝花，功名与利禄，生与死，都在露水与"吗哪"的位移中蒸发殆尽。

突然，一道道呐喊从河对岸传来。那是清军发起总攻的信号。翼王就着河水吃了几口草根，他的眼光就像一道漫水。他突然拔剑，准备自刎。尽管剑被卫士夺下，这一幕被不远处的清军地方守军杨应刚看得清清楚楚。他立即下令停止进攻，他渴望这条大鱼入其彀中。杨应刚派人喊话，最后达成协议，表示立刻可以提供太平军需要的粮食，条件是剩下的 6000 名士兵放下武器，停止抵抗。

石达开知道，那个大限来临了。

顺着极为狭窄的松林河边的樵夫小道，他在参护陪同下来到凉桥，但大队士兵自发跟来，翼王已经无法阻止。

凉桥的对面 2 华里的马颈子山坡下就是洗马姑，清军大营设立于此。

凉桥村地处如今的石棉县回隆彝族乡与擦罗乡边界处，背靠顶峰为 1500 米的元宝山，对望海拔 2170 米的鸡都山，两座山之间就是一条布满乱石的山溪——南桠河。昔日，樊寡母的凉桥从最狭窄的石嘴处筑构，距离沟底大约 10 米。由于地形陡峭嵯峨，鸡都山山脚下仅有一条小路宛如蛇蜒迎风而盘旋，给人一种晕眩和失重感。此地原名就叫"鹦哥嘴"，倒是惟妙惟肖。采访中，凉桥村民告诉我，樊寡母是清光绪年间人，附近的落脚沟暴发泥石流，冲下巨石和许多大杉木，樊寡母就地取材，售卖杉木棺材致富后，出资修建了一座由九根铁链组成的铁索桥。靠棺材致富不是新闻。清代中后期，产自西昌、越巂、汉源一带的棺材最为著名，有杉木、金丝楠木等，均称为"建昌板"。俄国探险家顾彼得（1901—1975年）于1940年前往大凉山探访独立的彝人王国期间，他在汉源拜见了西康富林的袍哥头子兼廿四军边防司令官羊仁安，他长期统治着冕宁、汉源一带的彝族人，他制造了大量棺材运往内地出售致富，还在成都青石桥开了一家"建昌花板店"。

此桥地处竹马河与南桠河交汇处，山风浩荡，桥上凉风习习，故名"凉桥"。后人把"鹦哥嘴"附近的地方都称作凉桥，即现在的回隆乡凉桥村地域。

参将杨应刚兴奋莫名地前往，他赤手空拳而来，显得落落大方。作为参将，又怎能不知古话："不战而屈人之兵，善之善者也。"

光绪年间编修的《越巂厅全志》指出：石达开在紫打地"进退战守俱穷，颇有降心"。越巂同知周岐源等"密探其

这是朱偰先生1941年拍摄的南桠河凉桥景色。见《漂泊西南天地间》，凤凰出版社2008年1月版。

意"遂设谋画策，周岐源亲笔写了一封书信，并告石达开"只要投降，可免全军一死"；并对参将杨应刚、都司王松林"践其垒，晓谕再三"。石达开对清军"待以不死"的"约誓"，一开始抱怀疑态度。后来杨应刚、王松林"同指天誓日，石达开信之，与之订盟。"（《越嶲厅全志》卷六）

杨应刚、王松林赴太平军大营劝降，的确看到石达开斗志消沉，但事实愿意归附的将领只有六七人。石达开的宰辅曾仕和等人并不相信，一激动，拔刀欲杀死杨应刚等人，以免扰乱军心。杨应刚见状，赶紧与王松林一起指天发誓："我为国家息干戈，为生民造福命，为汝等寻生路，而不见信，生杀由汝。汝等釜中游鱼，死不旋踵。"石达开见杨应刚、王松林不惧，又遥看到洗马姑的确立有"投诚免死"大旗，便信之。

这就是说，头一晚即 6 月 12 日，在利碛堡、松林河边，石达开与杨应刚、王松林见面密谈，基本谈妥。

第二天，杨应刚按照约定，他只身走过了摇晃的凉桥。

石达开及太平军，见到满脸微笑的杨应刚。

杨应刚独自走过凉桥来迎接，他甚至很小心地携着石达开的手，走过了凉桥。他们的身影，立即被桥头的大石头挡住了。向几里之外位于凉桥下游方向的洗马姑走去。

"洗马姑"这个地名可以从字义得到合理解释：那是一个马颈子山上的女人，相传每到傍晚就到这里的南桠河边洗刷马匹。后人闻音写作"洗马沽"，以为古意盎然，反而错了。

我记得大渡河红军博物馆的宋馆长告诉我的一个流传在当地的说法：

当翼王在参将杨应刚陪同下走上凉桥时，索桥晃动，让几千太平军喘不过气来。最绝望的事情，恰在于将士们毫无办法，他

凉桥永别

们只能痛哭，用从来没有过的痛哭，把毕生的眼泪一次性用尽。

我估计，翼王会驻足回首，他会把自己的手从杨应刚那里收回来，再一次向黑黝黝的翼殿子弟挥手，他希望士兵们有尊严一些，别软。但涛声一般的痛哭翻卷而上，似乎要把翼王托起来，这足以让翼王蹈虚，心如刀绞。

他终于在摇晃中开步，一股凉风迎面吹来，寒入骨髓……将士只能眼睁睁看着主帅走向不归路，就用刀剑砍向旁边的崖石倾泻胸中的绝望，而凉桥边的崖石上一直保留着那些见证历史的纵横交错的刀痕。有的士兵当场跳崖，有的挥刀自刎……

证据在于，1970 年"农业学大寨"期间，当地人在距离凉桥百十米的"连家湾"进行改土，挖出了几十具太平军将士的尸骨，都整整齐齐排列在一个大坑里。

这是怎样一个撕心裂肺的场面啊！

2013 年 3 月 12 日上午，我在石棉县委宣传部干事陪同下来到凉桥。公路边的几幢两层小楼一律为白色，不知是村民喜欢如此，还是政府命令所致。我们穿过一片牛皮菜地，几个正在忙碌的老乡听说我们要去看"樊寡母的索桥"，用手一指："桥是没有了，大约毁于 1961 年，因为这里唯一的一个大坝子上要建石棉矿厂，单位不准行人在此通行。桥的地点就在陡坎之下。"顺着陡峭的山岩，我手脚并用下滑到 20 米深的凉桥山沟底部。我摸着身边每一块突起的石灰岩，就像是摸着一堵堵骨头构成的墙。石头在哭。面对干涸的南桠河，石头的哭声反而成为凉凉水声。一只暴起的蝙蝠擦着我的耳朵，暗器一般呼啸而上……我在沟底徘徊，想着老乡刚才告诉我的另外一些情况：从凉桥到石棉县城 30 余里，中途的洗马姑有一个四川石棉矿机修厂。该矿是国营矿，附近的新康石棉矿却是劳改犯人矿。20

世纪 60 年代石棉县人口才五六万，两个石棉矿的人几乎占了一半。从凉桥到上下叶坪、五家曼、小凉山纵横 100 多平方公里的崇山峻岭中，建县以后陆续发现大量优质石棉，劳改系统发配大量廉价劳动力，生产出闻名全国的优质石棉制品。而矗立在凉桥的石棉矿苍老的厂房，似乎向我暗示了在太平军的累累尸骨之上，又覆盖了一层骨灰！

这是南桠河凉桥所在地，环境比起 1941 年朱偰到此地时差得多了。
（蒋蓝／摄）

我发现，在距离凉桥原址 300 米范围内，另外还有两座简易吊桥，一座已经毁坏，一座还在使用，说明这一带除了乱石，让人心醉的石棉矿才是唯一的资源。

干涸的南桠河，你怎么流不出一滴眼泪啊？

莫非你的泪水化作了白色的石头？！

我突然想起了两句经文，宛如黑铁浮立在记忆的水上：

有神的号角吹响，仿佛是人从未听见过的。

已死的信徒从坟墓起来首先复活。

凉桥残存的桥墩石。

石达开一行消失在摇晃的索桥尽头，桥头立即被清军的人墙封闭了。但是，他们5个人应该站在刚才我看到的那块牛皮菜地。而那对岸的几千人，应该毫无遮蔽地看得到这一场面。

从逻辑上着眼，"罢兵让路"既不现实，允其"解甲归田"不是没有可能。安顺场士绅赖执中说："（当石达开被围时），四川总督骆秉章遣越巂参将杨应刚，劝石达开解甲归田。谓大渡河天险，决无法飞渡，今既已被围，请解兵柄，来共商善后。"[1] 所谓"解甲归田"，其实只不过是"投诚免死"的遮羞布而已。

---

[1] 朱偰：《太平天国翼王石达开死事考》，《东方杂志》1941年第38卷，第21号，第36页。

"凉桥送别"这一幕，堪比 2000 年前的"易水送别"。刀斧在岩壁的砍凿声，足以使深沉的"风萧萧兮易水寒……"的歌吟更为绝望。

当然，翼王的佩剑远不止一把。被俘时他的确身佩一柄宝剑，当即被清军缴获。民国初年，一位叫作张二的先生在《重修越巂县志西路调查草案》之四（见《越巂县志》）中，写有一首《雄精如意歌》，这是至今关于这柄宝剑唯一的文字资料：

"鞑靼入关明统绝，皇皇华胄无遗子。同胞被压百余年，七世咸丰火益烈。草泽英雄石达开，金田起义造天德。如意随军祝如意，宝剑臂左助杀贼。一呼响应天下分，长江据险画南北。七王争斗势支离，误走山街来紫地。桀犬狺狺八面围，子规春暮楚歌泪……宝剑如意寻主人，遁迹福门赖氏寄。埋隐光芒那计年，不闻理乱与休戚。宝剑忽忽生翼飞，展翅边关杀敌去。我作长歌如意听，行藏聚散须明析。莫因好友吐长虹，便欲登朝奸佞击。寄语主人善什藏，免惹圣明山陬取。"

这柄宝剑长二尺四寸，卷舒自如，寒气逼人。六寸长的剑柄嵌有金珠，沉香木的剑鞘饰着紫金磨铜。宝剑后来被安顺场绅士赖林学获得，当时方圆数十里的人们纷纷前来观剑。后来赖林学查考诸多史籍，方知此剑名叫"雄精如意"，乃翼王心爱之物。赖林学将其视为传家之宝，后来交到他的儿子赖进学的手里。民国十三年，赖进学因战乱举家迁往雅安避难，不慎将宝剑遗失。这柄剑最后一次露面是新中国成立初在成都举办的一次展览会上，从此杳无音信。

阴郁的山色与白色的水流让摇摇晃晃的桥欲飞。闪电躲避着炸雷，它在树叶背面迂回，抽出了雪刃。一个背影的腰在转，直到闪电的刀柄完全陷入无边的身体。在纯黑的时间，你发光如赤子，我能触到不融的冰。你的肢体在水流之上变幻，从娃娃到猛士，从死到丝绸。从正午的知识到子夜空旷的鞋跟，你软成蜡，成为一堆烂花。你端起了所有的河流，你展开了水翅，那藏匿的闪电用纯粹的低飞，将水、香气、咒语与寒冷，一点点送进我的口唇。

世界变小了。纸张的正面和反面都可以横飞，就像皮肤对皮肤的渴望，再进一丝，就流血不止。

想一想那样的场景就让人心碎。数千子弟兵目睹全军之魂离去，他们被抛在激流与乱石岗之间，呼天天不应。那些刀剑砍在石壁上的叮当回声，用一种撕心裂肺的破响，成为了凉桥之声。

富有深意的是，距此地甚近的擦罗乡上里村上坝，就有一座建于1840年的天主教堂。作为"天父"的场域，它只是沉默地注视着眼皮下的杀戮。没有天降神兵，也没有"吗哪"。唯有赤脚从锋刃走过的不归路。

有人引用《圣经》的话："爱是做不害羞的事。"但原文却是："爱是不害羞的事。"如果说爱不是忍耐，而是在头脑的风暴中汲取夜色的宁静，他的爱才会永无休止。

翼王可曾回首？可曾遥望？我想他不会。他只是挺直向前走去。他早就走过了生离与死别。不归路，也未必就是最坏的一条路。

……

就在杨应刚带着石达开一行向洗马姑前进时，一直紧张守护在大渡河北岸的唐友耕悄然过河。他蛰伏多时，突然跳出来摘桃子。从另外一个层面分析，唐友耕此举还有深意：谁知道石达开此举是不是采用的"诈降术"呢？因而，进一步小心待之，总不会错。因为唐友耕太熟悉这些伎俩了。

变故总是猝不及防，变故往往就是历史的加速器。唐友耕突然下令向杨应刚一行发起进攻。杨应刚发现是唐友耕部，迟疑之间，唐友耕手下一拥而上已抢走石达开、曾仕和、黄再忠、韦普成及翼王5岁的儿子石定忠。杨应刚自然不敢反抗了，眼睁睁地看着唐友耕把石达开等人抢走，无可奈何。这不但打破了杨应刚去成都领赏的美梦，也破坏了石达开诈降以图缓气再起的预谋。

唐友耕太明白农民起义军这一套了。张献忠就是一个典型，打不过就降，降了又叛，这种事已经十分纯熟了。他怎么能为太平军提供历史重演的机会呢?!

石达开早就认识唐友耕，面对这个行动迅捷的矮胖子，他感觉不妙。当他确认唐友耕把自己与几千名部下彻底隔离之时，历史就已注定了。那是他与几千兄弟的最后一面。这个诀别，何其仓促啊。1945年，都履和根据李左泉《石达开洿江被困记》整理修校而成《翼王石达开洿江被困死难纪实》指出，石达开被送至唐友耕营以后，见其部下被阻渡分隔，"阴甚悔恨"，他分明感到清军不执行"保全全军"生命、"解甲归田"的条件……

反过来看，逗留在富林清军大营的几天时间里，应该是唐友耕一生最兴奋的时刻。他怕煮熟的鸭子会飞，何况这远远不是鸭子，而是豹子。

但这只不可一世的豹子，竟然栽在自己手里了。难道又是神助?!

在急报骆秉章关于石达开"来降"捷报后，骆秉章于同治二年四月二十八日（1863年6月14日）以公文通知四川布政使刘蓉急去大渡河，参与处理。事实上石达开已于四月二十七日落入唐友耕之手，骆秉章尚不得知。他担心石达开诈降，是缓兵之计，必须由自己信得过的刘蓉亲去处理。

唐友耕对通达成都的沿途官府逐一送达防卫令后，同治二年五月初三（1863年6月18日），唐友耕率数百清军押送重犯上路。石达开携儿子坐八人大轿，曾仕和、黄再忠骑马，不戴刑具，营兵执刀枪铳护之。一路上受到地方官员的高规格接待。觥筹交错之间，石达开一色天朝衣冠，气宇轩昂，不卑不亢，有礼而强力的风采让地方官开了眼界。在官员的回忆中，石达开"面白有微须，仪容严肃，眼光有神……"

一行过了邛州地界以后，"清军森列，止王舆，请上刑具"。这时石达开进一步看清了所谓"保全全军"是一个彻头彻尾的骗局，他对邛州知州许培身说："'固知骆督之不见容也'，遂受刑具。"①

唐友耕竟然陪着微笑，一副文绉绉的模样。他临走前对雅州知府蔡步钟做出如下安排：立即诛杀大树堡的2200多名凶悍的义军及领袖周宰辅。

至于另外的4000余名老弱及伤者，严加看管，已报请总督骆秉章，听候处置。雅安知府蔡步钟是首席执行者，唐友耕手下的军官李寿亭、胡耀光、罗廷权、羊家升就是操刀鬼了。

---

① 见任乃强《纪石达开被擒就死事》，首刊于西康省《康导月刊》1943年11月出版的第五卷，第七、八期合刊，41页。另：《康导月刊》1938年9月25日创刊于康定县，系大型月刊，16开本。以研究康藏的民族、宗教、文化、经济、教育、社会制度，介绍藏族的传统文化、风土人情、自然资源、地理气候等为主要任务，辟有研究专载、西康建设问题、教育、介绍、文学等栏目。创刊号有向传义、刘文辉等人的题词和戴传贤的手书序言。该刊每期200余页，资料极丰。该刊迁至成都后继续出版，于1947年1月停刊。

关于"鲸鲵封处"碑

抢夺石达开部队辎重的事情，几乎与太平军放下武器同时发生。

但利欲熏心之徒，面对宝藏就彻底失去了理智。唐友耕手下一个叫丁百长的人，突然发现有马匹驮着银锭及军中需用的马掌钉等物。他们不知道，这并不是石达开部队的，乃是骆秉章派出的追踪石达开部的官军之物。丁百长命令手下，破其马驮银而掠取之。丁百长还是讲义气的，前面两匹马所驮的银箱，叫兄弟们分了，自己独吞了后面两匹马背上的大包袱。后来官军发现原来是大水冲了龙王庙，只好告到唐友耕那里。唐友耕明白，擅自窃取军用物资，可以就地正法。他急令丁百长带领兄弟伙立即逃亡，返回云南躲避。

原来，丁百长对唐友耕有救命之恩。

就在李蓝大军攻打叙府之际，唐友耕与卯德兴进行过一次真刀真枪的比武，彼此受伤，半斤八两，后被李永和责罚。但是大关县流传着另外一个版本：当唐友耕投奔叙府的官军后，他们在战场之上见面，分外眼红。卯德兴就对唐友耕挑战："唐老五，哥子们造反助汝升官，汝已赏戴红顶花翎做大官矣。明日你我两

1863年6月13日，石达开被诱降后羁押在石棉回隆马颈子。之后被押解到清溪、荥经、雅安、成都。图为羁押石达开的碉楼。图片由石棉县红军强渡大渡河纪念馆提供。

相独战，许否?"唐友耕答应了。第二天两人俱独相战。打了半天，丁百长发现唐友耕不动了，他大喊："大人久不退，何也?"即统部下弟兄前往，看见唐友耕肩背衣冒红，丁百长提叉向前与卯德兴鏖战，唐友耕借此机会才抽身退下来，瘫倒在地。丁百长大战卯老五，卯愤怒不已，不得已退下。当时，唐友耕的长矛戳伤了卯德兴的脚，但卯德兴的枪也杀到唐友耕的颈子，几乎贯穿。因为此救命之功，因此虽然丁百长犯了军令，不但不抓，反而助其逃命。丁百长弃马，他所带的人也归还官银立即回滇……后来成为昭通官方与回民血战的猛将，被俘后被滚开水烫死……①

————

① 民国二十年修订本《大关县志稿》，见《昭通旧志汇编》云南人民出版社2006年版，第1350页。

......

需要注意的是，在汉源、越嶲一带，历史上有两座"鲸鲵封处"碑，就像多米诺骨牌。

2014 年夏季我去石棉县参加"中国作家走进雅安笔会"，顺便进行田野考察。这是在安顺场松林村村民家里，他从床下拖出来的、用于垫鞋子的一块松木木匾："皇恩宠赐"，这是朝廷奖给土司王应元的，与历史记载完全吻合。我后来与雅安市文联老领导赵良冶等谈及此事，他们答应立即向上级反映这一文物处境，尽快予以收购。后来，石棉县文管所予以了收藏。（蒋蓝／摄）

明朝万历十六年（1588 年），因为大渡河汉源、越嶲的"倮夷作叛"，朝廷用兵予以平叛。战事结束后，以副总兵官职镇守四川的一代名将刘綎（？—1669 年）立"鲸鲵封处"碑于越嶲县城天皇岗，这固然是封建统治阶级对少数民族歧视的反映。清乾隆五十一年五月六日（1786 年 6 月 1 日），康定、泸定磨西一带发生了一次7级以上的大地震。山崩石裂，摩岗岭大山被巨力推倒，压堵大渡河长达9日，最后堰塞湖造成大溃决，下游浮尸横野。矗立在越嶲城北十里天皇岗上的"鲸鲵封处"碑，也被这一场地震摧毁，人们再也无法目睹那蘸着鲜血的雄健书法了。

《石达开大渡河败覆图》。

按照这个谱系，在大树镇由雅安知府主持设立的"鲸鲵封处"碑，显然符合历史语境。可惜此碑石已被后人捣毁，无法目睹其内容。我估计，大概与在高县石门关由云贵总督刘岳昭刻下的"勒石燕然"异曲同工，勒石为志，也渴望自己的功勋彪炳史册。

石棉县松林村一组，原王应元土司住宅一角。

1966年4月，最为神往石达开的彭德怀元帅路过汉源，专程走访了大树镇。我很想知道时任西南三线建设总指挥部第三副指挥的彭大将军是否去过"鲸鲵封处"，可惜我查阅不到进一步资料。他心情如何？他在这蛮荒之地是否联想过自己的命运？这些地缘和往事，连同整个大树镇老镇已于2005年后淹没于瀑布沟水电站库区的万顷碧波之中……在大树镇新镇的街上转了一圈，镇中心是一个三岔路，小商贩很多，我询问了二十几个人，无一人知道"鲸鲵封处"是怎么一回事。我们沿着山坡蜿蜒而下，再次回到大渡河大桥。透过车窗，可以望见矗立在西面萝卜岗上全新

163

的县城，一派白墙绿水，置身于这片蓄水 54 亿立方米、面积达 84 平方公里的"西南第一大人工湖"旁，山头祥云卷舒，就像万花筒世界一般，不真实。

太平军和清军交战图。（吴友如《点石斋画报》）

刘蓉、黄彭年眼中的石达开

1863 年 6 月 20 日，在唐友耕率领下，押送石达开一行人经邛笮古道越大相岭，途经著名的九折坂，就是四川荥经县西南大相岭山南坡山道七十四盘。人行岭上，一旦高声喧哗，即使大晴天立即风雨来临。

康熙帝第十七子果郡王曾经经过此地，写有《九折坂》一诗：

> 蜀险历益奇，邛崃扩西臂。昔年峻坂名，九折今躬莅。
> 冰凌夏犹结，况躔娑女次。鞯冻支策登，列骑束如猬。
> 鼓勇跻其颠，雾雾开目眦。群山次第出，俯瞰等平地。
> 谿达关徼通，华羌指掌视。如披枕秘书，标新复领异。

《汉书》记载了一个典故：王阳任益州刺史，出巡到了邛崃的九折坂，叹息道："我承受先人给的身体啊，怎么能屡次来冒这种险！"后来他以生病为由离任而去。等到王尊担任益州刺史，也来到这九折坂，就问属吏道："这里是王阳畏惧的那条道路吗?"小吏回答:"是的!"王尊立即呵斥他那个驾御车辆的驭手说:"赶车!王阳要当他的孝子,我王尊要当我的忠臣!"

现在,不惜捐躯的石达开,要当怎样的忠臣呢?真所谓"自古难全忠孝事,听凭后嗣论愚贤"。

他们一行人刚刚到达荥经县,从成都疾驰而来的刘蓉恰好与之会合。

刘蓉这位与曾国藩有儿女亲家关系的湘乡人,原来是曾府幕僚,后因弟弟刘蕃战死和父亲去世回乡,赋闲多年。咸丰十年(1860年),左宗棠被迫离开湖南巡抚幕府,举荐有"诸葛小亮"之誉的刘蓉自代。次年正月,刘蓉随骆秉章入川,充当高参,深得骆秉章信任。

刘蓉一方面肩负骆秉章重托,甄别是否石达开本人;另外一方面他也很想立功,渴望从石达开嘴里掏出秘密。按照文人沃邱仲子的看法,刘蓉是贯彻骆秉章的意图,首先是验证"投降"的真伪。因为,"诈降"的历史把戏在四川上演多次了。据《新唐书》列传一四七载,唐懿宗咸通十一年南诏犯成都失败,后来退至双流县,阻于新穿水(新津县东之杨柳河),其首领"计穷将赴水死,或止之,乃伪请和以纾其急",三日造桥成而遁。道光九年重修的《新津县志》摘载此事。著名学者黄彭年从雅州府得到了石达开"贼穷乞降"的准确官报,但仍然认为与唐朝时南诏之往事相类。

他们不会相信,名满天下的翼王,怎么会"降"!

另外,鉴于云南回民的起义已经难以控制,云南、贵州、陕西、甘肃一线军务吃紧,加上川军中能人不多,不排除骆秉章抱有说服石达开调转刀锋、去对付回民的奢望。为此,刘蓉必须一探虚实。胜利者强自压抑缚住苍龙的狂喜，甚至有点低三下四去看望石达开，嘘寒问暖，生活方面刻意迁就。近世有稗官野史称，石达开途中曾对众人许诺：倘若到了京城，定会奖赏沿途招待他吃饭的地方某知州，似乎石达开一直做着被朝廷"委以重任"的大梦，这当然是无根之事。但地方官对之招待殷勤，害怕因伙食、住宿、行路等枝节生出意外，确是实情。

与刘蓉同行而来的，还有总督府幕僚黄彭年。

黄彭年（1824—1890年），字子寿，号陶楼，晚号更生，清朝贵州贵筑县（今贵阳市）人。出身仕宦之家，其父黄辅辰为清一代循吏。咸丰初年，黄彭年随父在籍办团练，参加镇压农民起义。同治初年，入川督骆秉章幕，又参加镇压太平天国石达开部，因有功，后得到保荐。他曾主讲西安关中书院、保定莲池书院，主纂《畿辅通志》。

黄彭年画像。选自《清代学者像传》。

骆秉章当时在四川总督署侧设立通省营务处，并配备着相当规模的义职官员管理防军诸项事宜，不但黄彭年功至于此，连他的父亲黄辅辰（字琴邬）也曾在此奔走。

耳闻目睹之余，他写有《代刘蓉致骆秉章禀稿》一篇，禀稿云："因于荥经途次遇唐镇亲解石逆上省时，即将该逆提讯。据供金田起事之后，与洪逆分合及共事伪党、扰窜各省情形，历历如绘，其枭杰坚强之气，见于词色，绝非他贼所能假冒。"另外他还详叙处置石达开及其部众事："尚有一千余人住在河街上……都司唐大有会同参将张福胜、土千户岭承高（恩）等督带汉、夷兵勇，会合乡团，于初五夜四更分头兜捕，除老弱外，均皆歼除净尽。"

后来，黄彭年还完成了私人笔记《黎雅纪行》，提及："询知大树堡尚有二千人未缴军器，其伪周宰辅领之。得蔡太守（蔡步钟）牍，石逆余党悉诛矣。"他进一步详细描述了当时刘蓉第一回就地审讯的情形："五月初五日到荣经时，遇川东镇总兵唐友耕解送石达开至……""刘公（刘蓉）传讯，（石达开）枭杰之气，见于词色。其于天下将帅独服曾公，亦但称其忠勤为国而已。"

还有黄彭年致唐炯书一通，近年被发掘出来，显得弥足珍贵。

黄彭年致唐炯信（局部）。

唐炯是石达开在西南的老对手，算得上是老相识了。

168

唐炯（1829—1909 年），字鄂生，贵州遵义人。湖北布政使唐训方之子，唐炯继承父志，亦与农民起义为敌。道光二十九年举人，咸丰间历四川南溪知县、署绵州事，同治初统安定营，于川南长宁败太平军石达开部。光绪间官至云南巡抚，中法战争中，以山西、北宁失守，坐夺职，寻督办云南矿务 15 年后，以疾辞职。

唐炯照片。

唐炯参与了针对石达开的大渡河战役谋划，他把阻挡石达开渡河视为毕生功绩。他在《成山老人年谱》卷三里，记载了石达开之所以没有能在清军到达之前横渡大渡河的缘由："石大（达）开至大渡河，游骑数百人已济招还，下令多备排筏，明日齐渡。是夜，水陆涨数丈，连日不退，而振武军前队始驰至对岸。石大（达）开前不得渡，退为猓夷所扼，食尽乞降，槛至成都伏法。"这一看法，与真实情况是有出入的。

石达开等太平军的情况他当时并未得知进一步情况。此时他人在贵州，急于想知道石达开的下落。

黄彭年书信首称："鄂生仁弟亲家阁下"，末署名"彭年"，押一朱文印"子寿"。前尚有二印，一曰"安仁知命"，朱文，在前叶；一曰"到处逢人劝读书"，白文，骑缝。未署日期。信中说："四月廿九同方伯（刘蓉）赴大渡河，五月廿一归寓。两奉手书，未及肃复。"又说："方伯此行，因石逆就擒而余党尚多，是以宫保（骆秉章）檄饬迅速前进。"黄彭年随石达开一行回到成都后，见到唐炯的两通来信后，立即复之。信中说到石达开之死，则回信当在五月二十九日以后。

但是，黄彭年此信里有一个重要时间"五月廿一归寓"，即1863 年 7 月 6 日。说明他随即参与了对石达开的一系列审讯、对答、凌迟事件之后，并处理相关大量文墨记录事务妥当，才能回家。

此函根据唐炯来信的内容，他谈出了自己的看法，并告大渡河之行的目的及沿途见闻，最可贵的，是其对石达开的评价："此贼举止甚稳，语言气概，不亢不卑，寓坚强于和婉之中。方其就死，纳履从容，若是我大清忠臣如此死法，叙入史传，岂不炳耀千载？如此人不为朝臣用，反使为贼，谁之过欤？"①

这 3 个涉及石达开在荥经县的书信与札记，得自黄彭年的亲历亲闻，不同于后来那些转述或者文人加工，真实性不容置疑。

无需望闻问切了，他们据此判断，此人肯定是石达开！

刘蓉见问不出所以然，也不多做盘桓，就随同大队人马一同返回成都。

历史需要铭记这一天：1863 年 6 月 22 日，石达开及 5 岁的儿子石定忠、宰辅曾仕和、中丞黄再忠、恩丞相韦普成一行，经汉源、荥经、雅安、邛崃、新津，被押解到成都城。

更值得一提的是，石达开一行是自西门进入成都市区的。成都旧时四道城门皆有专名，东门名"迎晖"，南门名"江桥"（另一说为"虹桥"），西门名"清远"，北门名"大安"。四道城门均设有两道"槛"，前面为半月形的门，之后才是正门，中

---

① 王尧礼《一封新发见黄彭年复唐炯书信》，《贵州文史丛刊》，2010 年第 1 期。

间有护城河相隔，城墙依水而立，府河、南河环绕其间。按理说，石达开一行走南门进城才是正路，但南门俗称"禧门"，军队一般出兵或回城均不能过南门，是怕为城市带来种种不吉利。主要原因是，成都人历来认为成都的西面是"上风上水"之地，但西门又岂能与"禧门"相比。这个让石达开魂牵梦萦的大城，想来他一路是看得真切的。

每年6月份是蜀地枇杷大面积上市的季节，卖枇杷的小贩在西门城门洞一带依次排开，石达开是否吃了一颗？城门边还有不少木芙蓉树，毫无规则，与野草杂陈。木芙蓉的花期在9月，现在它收集着空气里的秘密，花蕾如拳，暗自准备举事。

刘蓉《养晦堂文集》。

唐友耕一身戎装披挂，旗帜招展，铠甲随马蹄在青石板上的嘚嘚叩击而摩擦，这是踌躇满志的声音，这是戎马倥偬的傲然之声。成都市民风闻传说里的翼王石达开来了，都在路边观望，谁不想看看这个搅扰了四川两年的峥嵘人物？当传说与事实一旦实现了对接，那又是怎样一种诱引？！

　　无疑，唐友耕成了石达开的陪衬，就像叶子拥簇的花。但叶子突然在边缘挤出了一星花蕊。

　　那时的看客们留下的"实录"的确不敢恭维，翼王所谓"头大如斗，眼大如铃，口阔容拳"等等，等于章回小说里的江湖英雄。1858 年，太平军撤出江西很久了，湘军召集当地乡绅宴会，还有土豪这样回忆石达开"龙凤之姿，人不可及"，可见真相总是越描越黑。其实，石达开身高仅中等，长相平常。现在，他掀开轿帘洞悉着这个陌生而繁华的大都市，都市的看客们也终于目睹了这个神龙见首不见尾的人物，据说他身着绣有 5 条金龙的黄缎王服，头戴天国王冠，冠上翘起的 5 条锦龙，一颠一簸的，欲飞。

　　石达开并不知道有一个四川民间总结出来的"蜀地规律"：巴蜀地区称帝的割据政权，公孙述、刘备，西晋末年

亨利·威尔逊于 1908 年 8 月 4 日拍摄。四川省清溪（汉源县城）对面。

李特李雄父子建立的成汉政权、五代时期王建建立的前蜀政权、孟知祥建立的后蜀政权、李顺建立的大蜀政权、元末明初明玉珍建立的大夏政权、明末清初张献忠建立的大西国等等，时间都非常短暂，而且当权者的结局往往是暴毙！

石达开一行，经邛笮古道被押解到荥经县。（蒋蓝／摄）

彝族土司岭光电笔下的石达开

　　岭光电，彝名牛牛慕理，1913 年农历二月廿四出生于四川省越巂县斯补兹莫—暖带大田坝（今属甘洛县）的一土千户家庭，于 1989 年 2 月 15 日在西昌病逝。在清王朝数土司中，田坝千户并不起眼，《清史稿》在谈到此地，只用一句话："暖带田坝土千户，其先部则，康熙四十四年，归附，授职。"岭光电曾是土千户，直到民国初，还持有政府县令颁发的委任状。在清朝嘉庆年间的凉山土司层级表上，土千户属于位列第三的级别。岭光电1930 年代在南京军校学习 3 年，新中国成立前夕当上了国民党政府的立法委员，代表凉山彝区，从这个角度说他是最有影响力的彝族土司。一言以蔽之，岭光电先生虽然不是大土司，其名望则超过了大土司。

　　岭光电先生经历传奇，阅人无数，致力于民族团结，殚精竭虑兴办教育、育人树人、著书立说、整理彝文古籍、传承民族文化，其成就和声望，可谓影响深远。有论者指出："岭光电先生终身关心彝族文化，且乐为《彝族文化》年刊笔耕……"① 这样

---

　　① 《忆往昔——一个彝族土司的自述》，云南人民出版社 1988 年第 1 版，第 32 页。

的评价是很中肯的。也许深感于文化记录与传播的力量，在民国二十五年（1936年），岭光电就和彝族同仁一起编撰《新彝族》一书。民国三十一年（1942年）发表了初译彝族《倮倮经典选译》，并在《西康青年》上发表。后陆续发表《圣母的故事》《倮倮的长恨歌》等译著和论文。民国三十二年九月（1943年）整理出12篇彝族历史、文化、故事编辑成《倮情述论》由成都开明书店出版，引起朱光潜、马长寿、马学良、任乃强等著名学者的高度重视，后学术上常有交往。

岭光电家族里，他的爷爷岭承恩，因参与镇压入川太平军、活捉石达开，后来被清政府授予土游击、钦赐二品顶戴、带刀侍卫，并获得紫光阁绘像的极高待遇。岭承恩（1824—1892年），大凉山彝族土司。其先江南江宁府（今南京）人，康熙四十九年（1710年）投诚授职。道光二十三年（1843年）以土千户袭职，寻兼获邛部宣抚司印务。同治二年（1863年），太平天国翼王石达开率部过境时，奉命率土兵袭击石达开于大渡河畔紫打地。同治六年（1867年），赏土游击世职。此时岭氏土司已掌有大凉山河东长官司、河西抚夷司、邛部宣抚司、暖带密土千户、暖带密土游击印务，有所谓"五印三司"之称。

在《倮情述论》当中，岭光电根据族人的传闻，他论述了石达开"必然失败"的原因，是颇有深意的：

前言

太平天国翼王石达开的大名直到现在，给予我们的印象还是十分深刻的。就是一般边民，亦家喻户晓，无不知之，至于关怀民族革命的人士，读了他慷慨的诗歌，莫不肃然起敬，就是我们看了他一生可歌可泣的事迹，也会引起无限的感慨！石达开是太平天国的柱石，是近代的伟才，是令人钦佩的英雄。他的遭遇，使人悲悼，直至今日，还是使人追念不已，真是"出师未捷身先死，长使英雄泪满襟"。关于他当时进入凉山的种种遭遇，及当时凉山人民对他的反感，实在可以想象到他必然失败的厄运。下面就是他进征凉山的一段史实。

石达开来到凉山

由于各王的内讧，以致人心失望，使太平天国陷于恐怖状态中，北征军的被歼，西部领土的损失，更使内外惶恐不安，结果动摇了石达开的心，打算另行发展。就在这时，他率领精锐，冲破重围，向西猛进，直达金沙江边，顺江西趋。由滇渡河，直入凉山境内。那时凉山境内防军均系老弱，不堪一击，所以其时节节胜利，耀武扬威，自以为可无顾虑！在他欢天喜地中，兵士到处劫抢寻乐，人民莫不深感痛苦。石达开每到一处，恣意于享受。他把部队分二路前进，主力由会理北上，顺安宁河推进；一部由宁南，顺黑水江直趋西昌，至大石板时，探知西昌有备，即转向麻柳寨，会合主力北进，未攻西昌，至河西即行休息，并整理部队。在泸沽又将全军分为二路，东路趋越巂、拟直达大渡河，在小山附近被蜂民截击，多未能到达目的地；西路主力由冕宁、托乌趋河道，因路狭，半路受截击，前后失去联络，以致前锋抵达大渡河边，后卫部队还没离开冕宁。首尾不接，未能互相呼应，深犯兵家之忌。

屹立在大渡河畔的石达开红色花岗岩雕像。他身后是他手抱婴儿准备投河的妻妾及卫士。（蒋蓝／摄）

石达开入凉山境，系顺安宁河而进，沿河曾与土著彝民接触。他不知道彝民力量，又以为安宁河流域随处有粮可供接济，更以为除清兵外没有抵抗之能力，所以处处肆无忌惮，对彝民力量全未重视，或有时加以捕捉鞭笞，施行压迫手段，以为彝民知识未开，懦弱无能，故毫不防备。又采取因粮于敌政策，但事先并未侦知是否有粮可因，只图扩大势力，而未注意地理、适应环境。凡此种种，都是石达开进入凉山以来之失误，大错铸成千古恨，实是一件可惜的事。

在外间所传石达开被擒之事，直至今日，还有种种推测，莫衷一是。其实，石达开的遭遇，我们不难以当时的情形，来把他决定。

彝民的抵抗

凉山历为彝民聚居区。汉人虽自元明渐次移入，到清中叶时，仍为少数，地方力量完全在彝民掌握中。而其时彝民，虽无系统，但遇外力侵入时，亦能集合起来与之周旋。太平军对彝民力量未加注意，对彝民及土司加以侮辱、拘囚、劫夺粮食、焚毁土司衙门，结果使彝民起了反感，处处准备起来打击。而清廷方面又派精锐，由雅安直趋大渡河，依险固守。同时传令各土司彝众调集壮丁，实行袭击。于是太平军北面前锋受阻于渡河岸，后队在冕宁城附近被当地安姓土司率众围攻；同时越巂彝众亦分两路出击，一路由越巂西越过西山，趋铁宰宰，血战后将该地占领，以切断太平军前后联络；一趋河道（擦罗、洗马姑、老鸦漩、安农场等）将各要点占领，形成包围之势。太平军几度突围，图与大树堡方面取得联络，但终不得逞，被围了数十日，终于决定了太平军全军覆没的命运。

押解石达开一行去往的邛笮古道一段。（蒋蓝／摄）

粮食的断绝

当时凉山境内除安宁河流域居民多、出产多之外，其余都未开垦，人烟稀少。尤以冕宁以北托乌、筲箕湾各处，均系不毛之地，气候寒冷，不宜垦殖，只有少数牲畜牧者而已。太平军自经过数千里的奔波后，装备不全，粮食亦未预先准备，所以沿途均采因粮于敌政策，每至一处，即先集中征米粮，每离开一地，即自行焚毁。此种政策，在长江流域较为适宜，在凉山境内，一般人民平时常感粮缺，还想因粮于人，何能达到目的。太平军对此，亦未见及，贸然前进，遭受粮食之困难。据参加战役的彝老称，伊等起初与太平军接触时，其锋锐不可当。彝众白天只躲森林中隐匿，望着漫延数十里的炊烟，人马嘶鸣，夜间始出行袭击。经围困数十日，不见来攻，炊烟渐少，时见太平军到处挖土勒叶。不久，连人马声也少了。太平军被困于饥饿，常出金银绸缎等与彝众交换食物，于此可以想见当时太平军被围的惨况。

战略的失败

凉山地势，北高南低，以安宁河为中央线，仅中一线可通。交通道路由金沙江至西昌，有二途：一经会理德昌至西昌之线为主，途亦较为平坦，人口众多，物产亦较丰富；一经宁南鱼水达西昌，此道虽亦平坦，物产丰富，唯当时多系彝民，较为阻塞。再自西昌北上行至泸沽，交通亦便。自泸沽至大渡河，东行小相岭越巂以至大树堡，路狭而通过困难；西行经冕宁、托乌、擦罗以至安顺场，沿途多是森林地。托乌附近，入冬即有积雪，寒冷彻骨，铁宰宰，则系狭谷。去此十数里，即伦鲁河，驻兵扼宁，固若金汤。自此至擦罗、安顺场，经森林地带，并经悬崖，陡险异常，就全凉山地势而言，险阻特甚。在此种地带通过，当注意环境、交通、以事运用战略，而太平军初入凉山时，由金沙江直趋西昌分二路前进，进行殊为神速。至河西前锋驻屯泸沽，再前进，东路过小相岭时，虽夷（彝）民截击，亦能勉强通过。但进驻大树堡时，后队路阻折回，会合西路而进，而西路主力，前锋已达安顺场一带时，其主力尚未离冕宁。后从冕宁突围，于铁宰宰复被彝众截击，死伤极重，东西路各不相知，故石达开至安顺场后，前后左右已被切断而陷于重围！

《伪翼王石达开被擒图》。原载《越巂厅全志》田玉华提供。

结论

太平军的经过凉山及各种遭遇，已略述于上。至于最近红军之经过凉山，实与太平军取道相同，太平军不免于覆亡，红军得渡越危险，虽时地之不同，亦用兵缓速之所致也。闻太平军过安顺场时，入康大道，尚未辟出，不能取道前进，而又两路不能相呼应，联络丧失。红军行至河边，见不能过，即顺河西行，飞夺泸定抄出，对防河军右翼实行侧击，方能越过险地、损失较少。而太平军到处驻留，不能争取时间，以致全军覆没，这实是使后人深为惋惜的。①

———————————

① 《忆往昔——一个彝族土司的自述》，云南人民出版社 1988 年 6 月版，第227—231 页。

光绪十八年（1892年）岭承恩病逝于西昌后，清廷赐葬。他的墓志铭碑长期收藏于昭觉县文管所，现在藏于凉山彝族奴隶社会博物馆。墓碑为青石，碑名为"协镇都督府世袭暖带密土游击兼摄河东长官司岭公宦迹墓志铭"，岭承恩去世前为河东长官司长官（驻地西昌）。墓碑撰文者为岭承恩世友陈玉佐。楷书阴刻，共两通，每通高130厘米，宽80厘米，厚8厘米。

墓志铭中描写了岭承恩助剿太平军的经过，成为其一生的辉煌时刻："同治二年（1863年），石逆大队由黔滇二省窜入川内，谍报未几，春中急抵越嵩。惟时吾祖年力富强，不惜性命，调派土兵千余，绲城攻敌。凡沿途险隘之处，遍用滚木礌石打毙人马，夺获器械者不可胜数。白沙沟畔实赖贼授首之区，紫打地隅即石逆就擒之所。吾祖运筹帷幄之中，决胜千里之外，岂为臣立不世之奇勋，而圣主不隆非常之际遇乎？恩赏加副将职衔，土游击之关防。颁请盍其于此日矣！"

石棉县文物保护单位松林地土司官署遗址

片马乡深处的大宅

2021年3月2日，作家李锡荣陪同我走访片马彝族乡，说那里有一个大宅院，与太平军有关。

从汉源县城出发，汽车在山间盘旋了1个多小时，抵达片马乡。片马乡境内群山起伏，小相岭诸峰叠乱。与桂贤乡大维村接壤的是大维山，西街河底部是万坪村，反背是桂贤乡大维村。西南与坭美乡横山村、火地村接壤的是周火山、茶林村，上与坭美乡凤窝村为邻，与凉山州甘洛县黑马乡以瓦板山山脊为界。

片马彝族乡在位于汉源县城东南30公里，为大渡河中游南岸支流西街河的高山峡谷地带，海拔1500米左右。据民国版《汉源县志》县境图示，曲曲乌位于大渡河南岸，以西街河心为界，岸右为桂皮罗，属越嶲县管辖，左岸是曲曲乌夷地，属峨边县地界。清朝嘉庆版《清溪县志》记载："偏麻厂古为邛都普雄酋辖地，后为远道而来的曲曲乌所据，因四周岭隔水阻，岩危陡绝，诸酋难以约束，渐渐发展为彝族一支""曲曲乌獠也，自汉中达于邛都，多有不辩姓氏"。后族划分地盘，各据已有，"偏麻"意即"婶娘的封地"。

片马彝族乡主要姓氏有大营村的李家，片马、茶林、万坪、然莫、富银的丁家和马家。据《汉源县志》第三篇《少数民族》第三节《姓氏及其分布》记载："李姓（彝姓里立）主要分布在顺河乡的觉托、板羊、大岩；片马彝族乡的大营村；马托乡的苏古村、红花乡的石沟村，以及富春乡的楠木村，桂贤乡的木甘村。顺河乡的李姓彝族于清康熙年间从甘洛新市坝迁居斜屋基（今红花乡境）后分支顺河大岩，生息至今。

丁姓（彝姓乐顶）主要分布于片马彝族乡的片马、富银、然莫、万坪村，坭美乡的石泉、火地村，桂贤乡的木甘村，丁姓彝民于明朝万历以前即从甘洛玉田迁至凤窝马厂，继迁至片马西街至今。

马姓（彝姓久里、木底、撒莫、甲古），久里姓分布于皇木镇松坪村、乌斯河镇万里村。木底姓分布于皇木镇松坪村。撒莫姓分

片马乡村口的老标牌。

布于市荣乡红砂村、太平村，富泉乡胡叶村，河西乡香林村、庄子村、大岭乡尚礼村。甲古姓分布于料林乡铁厂沟。木底姓于清嘉庆年间从甘洛玉田落籍河西长水塘，后移居皇木松坪，迁来数户至新中国成立时只剩数人。

1949 年以前，片马彝族乡一直处于封建奴隶主统治之下，劳动人民受到封建社会、奴隶社会奴役，生活在水深火热之中。因山高水险，自成独立王国，民国时期经多次征抚始入越巂县大树堡，为越巂县大树堡的 12 保。1951 年划归汉源县置片马乡，1958 年建人民公社，1984 年置片马彝族乡，乡名以"偏麻"谐音得名。

我们抵达片马彝族乡政府所在地，脱贫攻坚在此取得的成果是明显的。道路整洁，放眼四望，翠绿的山林间点缀着一幢幢漂亮的彝族民居。有一座青瓦盖顶的四合院坐落在山腰，与全乡的彝寨房屋形成鲜明的对比。片马乡党委书记刘健说："那是周家大院，是乡里规模最大，最古老的建筑。"

遥想当年，大树堡的盐关坡下，仅剩的 2200 名太平军血流成河；石儿山下老鸦漩漂浮着上万名太平军及家属的尸体……1863 年 6 月 13 日清晨，石达开从紫打地溃退到三面环水的利碛堡，他终于决定，去往松林河经凉桥到达清军洗马姑大营，去完成他"舍命救三军"的最后使命。

而余下的太平军，一些人坐以待毙，一些人四下逃亡……

马夫奇遇救命恩人

第三天之后，下溪地的片马周家大爷到大树堡赶场，行至大树盐关坡时，见到一名脸色苍白的小青年，牵着一匹马从城门洞的古桥下逃出，拉着过路的周大爷，请求救他一命，给一条生路。周大爷心地善良，看着素不相识的小青年，死里逃生，刚刚躲过一劫，不忍心再让他落入虎口，便说："小青年只要你不怕吃苦，我就认你做干儿子。"小青年激动地连忙下跪磕头致谢。周大爷便放弃上街买东西，领着小伙子，接过缰绳，赶着马，向桂贤方向走去，沿着西街河徒步上行，涉水过了西街河，周大爷在前面牵着马，小伙子在后面拉着马尾巴，爬上腰玄岩，到了西街上，回到家里。家人立即让小青年洗脸换衣服。打了一碗酸菜搅团（玉米粥）让小青年吃了，饥肠辘辘的小青年倍感精神抖擞。

到了片马周家的第二天早上，小伙子便早早起床，一口一个"爹妈"，有什么事情吩咐就是了，挑水劈柴很是勤快。老两口也对小伙子很疼爱，叫他歇着点做。对那匹马也经佑得好，经常牵着马到外面坡上去放，马儿也好像通人性，使周大爷高兴。

半个月下来，彼此都很亲近，一天小伙子给周大爷讲："周大爷，感谢您给了我第二次生命。我是一个外省人，家里父母都在灾荒中去世，剩下我一个孤子。家乡来了太平农民军打富济贫，我便给太平军当马夫，经佑马儿，给郑将军牵马。郑将军进了大树街，让我找地方喂马。谁知道将军他们那天夜里就遭遇不测。我吓得赶紧躲藏到桥洞下过了两天两夜，待风平浪静后，偷偷地审视过路人，看到周大爷年纪大不像是大树街的人，才出来拦着您。希望能给我一条生路。通过半个月相处，我深知周家对我很好，今天向老人说明实情，希望能让我长久在片马生活下去。我只知道将军让我寸步不离马匹，不知何故？昨天我仔细摸了摸马褡裢，发现是否有什么东西……"

周大爷说："你不妨将马褡裢取下，认真检查是否有贵重之物?"

小伙子和老人取下马鞍，解下拴在马肚上的褡裢，觉得有些沉，于是找了一把剪刀，将布剪开。向地上一倒，老少一惊，啊！是瓜子金，足足有半升！望着这些金子，老少又惊又喜。这原来是将军的军饷，一直藏匿在马身上，无人知晓。要不是那晚的横祸，夺去了全军将士的生命，这个秘密可能不晓得要哪一天才能揭开！

征召掌墨师

面对这半升明晃晃的金子，周大爷盘算着如何花这笔天上落下的大财宝。他计划盖一幢大宅子，购置一批田地，好好安度晚年。接下来，再为小伙子娶媳妇，生几个孙子，为周家接香火，这样老少不愁吃不愁穿，过上幸福美好的生活。

谈到修房造屋，周大爷自然会找先生选一块好地势，以达后人。同时在设计房屋时，一要讲究建筑风貌，要洋气，同时也要有文化特色，才能显示主人的财气。周大爷到外地去学习长见识，认真比较各地的建筑特点，请匠人确定了建四合天井大院，匠人告诉周大爷修房所花银两，周大爷盘算一下后剩余银两还足以买上几十亩田。

周大爷知道，修房造屋仅靠泥水匠肯定不行，这需要掌墨师。掌墨师不仅是木匠中的佼佼者，而且必须极具设计天赋，他们不需要任何精密复杂的工具，就可以设计出近乎完美的"建筑图纸"，只要是按照这些图纸的尺寸建造出来的建筑，不仅严丝合缝，而且线条流畅，气质典雅，极具视觉效果和艺术的观赏价值，可以说是木构建筑的代表作。

千秋大业质量第一，接下来周大爷又再思考请谁当建筑掌墨师。看到战争事态逐渐平息了，他就到雅州府、清溪县，张贴招募工匠的告示："兹有越巂县大树堡偏麻厂建造周家大院一幢，需要优秀匠人数名，有意者请于5日以内到清溪县富林镇报名，到现场察看设计要求。并要求每名工匠打一只木鸭子，送周大爷过目，3天过后确定人选。特此公告。大清同治三年三月八日。"

告示贴出后，果然有十几名匠人过来交图稿。周大爷对每人的图稿一一做了登记，并在木鸭子上标了号。然后将十只木鸭子丢在冬水田里浸泡起。两天之后，择人将木鸭子取回，仔细检查每只木鸭子的榫头严密度，然后再将木鸭子拆散，观察谁做的木鸭子没进水，最后确定了周家大院的掌墨师。

位于现在汉源县清溪镇的唐代古城城门。（蒋蓝／摄）

财多引来的麻烦

周大爷请山民从山上砍来木料，从很远地方运来大块石料。掌墨师根据工程要求，从外地请来一批木匠，在本地招来一批劳动力，组成修建施工队。按照先生选好的黄道吉日，便准时动土开工了。

经过一年多时间紧张施工，一幢气势磅礴雕工精湛的四合天井大院顺利竣工了。到了西街就能见到周家大院，它一下变成偏麻厂的亮丽风景。

接下来，周大爷用剩下金子，到黑马溪买下水田20亩，房屋十余间。"周大爷修房造屋，买田置地发了！"一下子传遍了十里八乡。

有人羡慕，也有人嫉妒。害怕他一下子把周围的好田地给买下，挤垮当地财主，断了别人的生活来源。

有人便开始策划怎样收回已卖出的土地与房产。

一天清晨，一具尸体被人悄悄地运到周家龙门子外面。天刚亮，便有上百名村民赶到周家大院外，嚷着："周大爷买土地，逼死人命！"一时间惊动了偏麻厂的乡亲前来看热闹。周大爷见到出了人命，为了摆平此事，只好答应死者家属给予补偿，并退还了几分田地。为了处理好与黑马邻社的民族关系，周大爷听了家族头人的劝告，将黑马所置田地房产全部退还给原主人。

到后来周大爷钱财基本耗尽，到新中国成立初就只剩下一个大院。

新中国成立初期，片马乡政府利用周家大院天井宽、过道宽的特点，每逢开大会，都常在周大家院举行。一段时间里，周家大院成了片马乡的政治文化活动中心。许多片马的父老乡亲都知道周家大院的名气。

光阴似箭，经过150多年的风雨沧桑，如今周家大院已经破破烂烂，保护周家大院，发展生态旅游，已是片马人需要做的大事。①

---

① 以上内容参考了王炳安、范有明口述，李锡东整理的未刊稿《周家大院的传说》，文章收入《片马彝族乡乡志》。

周家大院现状

　　周家大爷与这位太平军马夫逝世后，埋葬在大院对面的山头。

　　现在门牌编号为"彝族乡富银村五组24号"的周家大院，正门外有几棵粗大的核桃树，枝叶茂盛。穿过两道占地20多平方米、高8米左右的土墙，眼前是18步转角台阶，每个台阶有1.5米宽，台阶扶栏全是1米左右长的整石条。走上石阶，是一个高40厘米，长4米左右的门槛，一位老人和一中年妇女正坐在门槛上聊天。老人名叫张学现，今年74岁，14岁就嫁到了这里来。张学现指着门槛上的门栓说："我坐的地方原来是黑漆双扇大门，两边还有小门。原来前面还有很大的一片，都是周家的院子，周围的房屋都是周家的，还修有8尺高的院墙。"周家第七代传人，今年62岁的周永全指着十多米开外的核桃树说，"听上辈讲，核桃树处是原来的大门。"

　　我在大约200平方米的大院天井里仔细打量。俗话说"丁是丁，卯是卯"，院子里的建筑，没有发现铁钉，也没有见到其他辅助材料，而是采用的卯榫结构。而且，建筑具有较为明显的赣南客家风格，类似"厅屋组合式"民居。一般结构是：四扇三间，即一明二暗的三间房。明间为厅，次间为室，厨房、牲舍、厕所等一般傍房搭建或另建，这是赣南最普遍的民居。稍富有者一般是前后两栋，每栋三间或五间，之间隔一横向天井，并通过腋廊将前后两栋连在一起。两栋屋的明间便成了前厅（门厅）和后厅（上厅），前后厅也合称"正厅"。前厅次间为厢房，后厅次间为正房。这样便构成了一幢封闭式的由两个单元组合成的"正屋",通称"两堂式",俗称"上三下三""上五下五"。在此基础上,如果以后需要扩大规模的,便在正屋两侧再予以扩建。

片马乡的周家大院局部。

周家大院的前厅大门上尚存有铜质圆形拉手。瓦当厚实,均有蝙蝠造型。梁柱为杉木,窗棂的木作雕刻十分精美,房檐也是雕梁画栋。房梁两边有两个牛头图案相互对应,旁边则是姿态各异的雕花。虽布满灰尘,但雕花图案精美,做工考究。而且奇妙的是,天井四周至今找不到下水口,但雨水总能顺利排出去。总体而言,整体建筑风格明显迥异于周边的住宅。

现在的周家大院里,共居住了 4 户人家,三户姓周,一户姓杨。我们与左邻右舍的人摆龙门阵时,有两个青年拿来了一本十分破旧的《家谱》,粗粗一看,记载着"祖自赣州长宁县大板桥,在明朝为八台总镇，忠肝义胆出征，身入四川顺庆府岳池县滋马乡湖平寺……至嘉庆元年，遇白莲教逃至岳池县南门……至嘉庆二十二年落业清溪县尚礼乡……"《家谱》后面，记载有不少"片马"字样。

陈列在周家大院里祖传的神龛。

赣州长宁县地处赣粤边界，那里客家人分布众多，石达开驻军江西时期，不少当地人参加了翼殿军队，马夫的传说完全合理。

就在距离片马彝族乡政府不远的彝族大营村里，也有太平军的遗物。

旧时因此地驻扎过兵营（大营村曾是清兵大营驻扎之地，是当年清兵围剿太平天国将士的见证地），1981年才更名为大营村。大营村位于汉源县城南方向，距县城55公里，西南邻大树镇木甘村，东连甘洛县黑马乡（黑马营地）。比如片马乡大营村9组就在大渡河中心处，被打散的太平军从紫打地到达这一带偏僻的地方居住并不困难。

1990 年，村民阿木尔不家传有一套太平军的金属盔甲。开始他认为没有什么用，就用头盔来喂狗。一天被路过的文物贩子发现，一番讨价还价，这只金属头盔卖了 8 万元。后来他把盔甲卖给了黑马乡某人了。

成都科甲巷

　　每年3月份，我所在的报社均要安排员工体检。有一年联系的对口医院是位于科甲巷口的成都市第一人民医院。因为体检不得吃早餐，我想尽快结束，一早就去了。作为成都有名的销金窟，科甲巷仍沉浸在睡意的薄雾里，白日、黑夜拥挤不堪的巷道，被黑大理石和洁白的花岗石整合起来，反显得有些寂寞和宽敞。记得20世纪90年代初，我为买一双当时流行的美国战靴，曾在这条当时被民间称为"二奶街"的正科甲巷里逐店寻访。如今，成片低矮的民房早已拆除，耸立起的基本是一些貌似古物的赝品。在做旧基础上的金碧辉煌，尽管如此抵牾，但毫无疑问是体现时代门面的美学指标。

　　几百米长的科甲巷得名于清乾隆五十一年（1786年）。科甲巷包括正科甲巷、大科甲巷和如今已不复存在、仅留其名的小科甲巷。正科甲巷为南北走向，大科甲巷为东西走向，不过，让科甲巷扬名的并不在科举，而正在于这里曾是石达开的凌迟之地。

唐 公 友 耕 生 禽 石 逆 状 图

Fig. 45 Qingkuan and others. *Capture of the chief traitor' Shi Dakai.* Album or photographs of twenty paintings representing the campaign against the Taiping. 13.5 x 30.8. Beijing University library.

郑夏初供图

这是"唐公友耕生禽石逆状图"绘本影印件，十分珍贵。晚清最后十几年最红亲夫红年亲贵，当属庆亲王奕助，图片说明指出，此等一千人一举俘获了石达开。这样反映太平天国战役的绘图一共有20幅。原件流夫在海外，根据英文显示，图片来自北京大学图书馆。

成都科甲巷

在锦华馆馆口，一座汉白玉碑好像从地下冒出来的，镌刻清末文人高旭于 1906 年托石达开之名而作的五言律诗《题壁诗》："大盗亦有道，诗书所不屑。黄金若粪土，肝胆硬如铁。策马渡悬崖，弯弓射胡月。人头作酒杯，饮尽仇雠血"。[1] 想想就该明白，如是出自石达开之手，"大盗亦有道，诗书所不屑"就是驴唇不对马嘴，石达开不可能自称为"大盗"，虽然他不曾"应省试，举孝廉，邃于孙吴之学"，但气质所及，显然是深悟学问神髓之人。关键还在于，托名之作诗格太糙，看看已经得到确认的他在广西白龙洞的题诗，对照石达开的诗心，真有云泥立判之别。

走到正科甲巷南口的成都市第一人民医院门诊部，抽完饿血，就去 X 光室照胸片。我脱掉皮夹克，在黑暗中举起双臂，正面、反面，呼吸、憋气。那盏低功率的红灯突然大亮，红光普照，把那个暗中操作的医生拉出了皮影戏一般的黑影。从 X 光室出来，我坐在走廊等结果，心中一惊：我所在的门诊部大楼原位置，应该就是清代按察使司署的尾部（正大门接东大街，今已不存），它的后门就是监狱所在位置。臬台衙门因要关押犯人，纵切极深，与正科甲巷南口相交，深达半条街。

李劼人先生在《暴风雨前》等作品里明确指出，此处即是对石达开施以凌迟的所在之地。

从医院出来，我在伊藤洋华堂斜对门的快餐店吃了点东西，望着医院门口巨幅的阿迪达斯广告牌，NBA 球星那大汗淋漓的双

---

① 可参见王文濡编撰《太平天国野史》，江苏广陵古籍刻印社 1993 年 6 月版，第 299 页。

腿，那肌肉隆起的手臂，刚毅血性的表情。时尚的光影属于这里，我只身回家。在自己收集的历史资料照片里，找到1995年在四川省档案馆举办的一次展览中拍摄的那份处决石达开的档案原件，即清政府处决翼王石达开的公文。公文发文时间为同治二年五月二十三日（1863年7月8日）。札文清楚地记载了处死石达开等人的具体详情：

"重庆府正堂阮为行知事。同治二年五月十六日奉按察使司牛札，开；同治二年五月十一日牵总督部堂骆札，开：照得发递伪翼王石达开、伪宰辅曾仕和、伪中丞黄再忠、伪恩丞相韦普成现经本督部堂会同成都将军督同在省司道亲提研讯明确，应即恭请王命，即行正法，以彰天讨而快人心。合行札委，为此札仰该司会同标下中军副将，即将发递石达开、曾仕和、黄再忠、韦普成验明正身，绑赴市曹凌迟处死。将石逆首级用石灰腌裹，木笼装盛，以备解献京师，传示各省。余贼首级，即枭示四门，以昭炯戒。其石逆幼子石定忠着牢固监禁，归入缘坐案内，照例办理。仰将监刑文武职名报查毋违。等因，奉此。除详报督宪，并移督标中协，及行成都府，将发递石达开等处决外，合就札行，札到该府，即便转饬所属一体遵照毋违。等因，奉此。合就札行，为此札仰该县即便一体遵照毋违，此札。右扎巴县准此。同治二年五月二十三日。"

推测起来，"绑赴市曹"不过是公文词语，因为必须这样说，才符合官场要求，以免留下把柄。其实，为防止突生事变，对这样的巨魁，权柄者往往渴望一刀两断，越快越好。我征询过成都

成都科甲巷

文化学者郑光路、蒋维明、谢开体等人的意见，他们或撰文或对我指出，审讯后，即在监狱内进行凌迟。理由在于，按《清律》本应在成都正式的刑场处决，晚清时曾任华阳知县的周询在《芙蓉话旧录》里记载，至光绪末年，一般都是在农历霜降后"秋决"行刑。

周询（1865—1950 年），字宜甫，晚号逢庐老人，贵州麻江县人，清代光绪举人，游宦四川多地。辛亥革命后，一度出任巴县知事，未几去职，相继任成都、重庆中国银行经理。晚年潜心著述，著有《蜀海丛谈》《逢庐诗存》《逢庐随笔》《逢庐联话》《逢庐骈文存稿》《〈石头记〉说龁》《易经玉屑》等十余种。《蜀海丛谈》共三卷，分为制度类和人物类，记载了四川清末民初的政治、财政、军事、文化、教育、邮驿情况和名人轶闻趣事，内容翔实具体，文字清新简洁，史料价值极高，是一部颇具四川地方特色的掌故笔记。

成都最初的刑场在东较场，后因居民稠密，到清朝中叶后，改在北较场。光绪末年编练新军，在北较场修建武备学堂，将刑场改在北门外砖棚子前一空坝上。凌迟则历来都在北门外荷花池。但石达开是什么人？义士要劫法场的市井风声已洞入衙内，那就绝对不能在行刑过程中出半点差池。因此，《中国历史文化名城大辞典——成都》①也记载说："清同治二年（1863 年），太平天国翼王石达开率兵入川，攻成都未成，在大渡河紫打地②被清军诱俘解至成都，同治二年五月初十被杀于成都科甲巷。"

---

① 罗亚蒙等主编，人民日报出版社 1998 年 10 月第 1 版。
② 今四川石棉县安顺场。

有论者认为行刑地点是位于成都城内上莲花街的督标箭道，说"三人自就绑至刑场，均神气湛然，无一毫畏缩态"，周询在另一本著作《蜀海丛谈》中就作此说①，周询也承认非自己亲眼所见，是他的父亲"先太守甫截取来川，充省城保甲总局提调，所目睹也。"在此聊备一说。

至于任乃强先生《纪石达开被擒就死事》一文云："六月二十二日，奉清廷谕，凌迟，行刑于北较场。"却不知以何为据。

经过对资料的反复甄别和田野考察，督院街一侧一个叫"院门口"的地点，进入了我的视野。

自明代以来，督院街历朝均系川省最高权力机关所在。明代之巡抚都察院，清代之四川总督衙门，民国时之督军署、省长公署及省政府等，均设此。它西接走马街，东连南打金街。后人取部督之"督"字，和都察院之"院"字，连接起来，则命名为督院街。

1863 年 6 月 13 日，石达开于大渡河兵败，主动到清军营讨论"放下武器"的条件，不料立即被官军控制。五月初三起解，解送成都位于科甲巷的按察使司署监狱关押。6 月 25 日，川督骆秉章会同成都将军完颜崇实在相距不过 2 华里、位于督院街的总督衙门提审了石达开和他的手下曾仕和（宰辅）、黄再忠（中丞）以及韦普成（恩赏丞相）。王廷焕先生在《王家坝官邸与"枕江楼"娱乐场》一文中指出：王家坝街向西与丝棉街接壤，在督院街与龙王庙相交处的一个街口称"院门口"，是指督院街口，这

---

① 见《蜀海丛谈》卷三，巴蜀书社 1986 年 8 月第 1 版，第 182 页。

里也曾像北京城的菜市口是一个刑场。清朝时，太平天国翼王石达开从臬台衙门的监狱，从那里提出后被杀害于"院门口"[1]。现在，此地大约在已成为红星路下穿隧道南端出入口再南行 50 米的宽阔公路上。

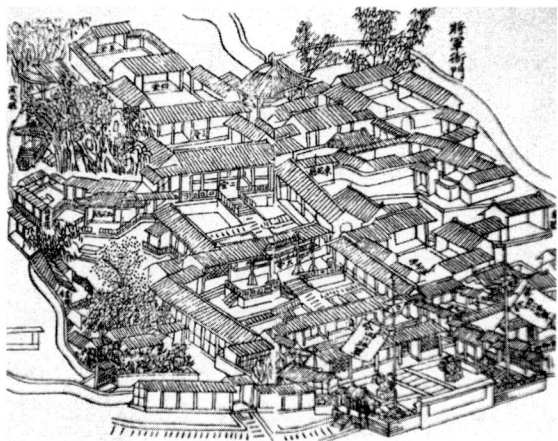

成都将军衙门图。原载同治重修《成都县志》。

沃邱仲子在《石达开在川陷敌及其被害的事实》里，指出是在黎明之前，石达开独自被用轿子抬到东较场口，然后被杀。

这就让我们发现，有关石达开的殉难地点，有了五种说法：科甲巷的臬台监狱、上莲花街的督标箭道、北较场、督院街口的"院门口"，以及沃丘仲子指出的东较场口。

2009 年 3 月 2 日，我向四川省文史馆馆员李殿元、张绍诚分别发去求教电邮，他们翌日深夜回电指出，行刑可能性最大的地点，还是在科甲巷侧的臬台监狱内。

---

[1] 《华西都市报》2007 年 3 月 24 日。

我再次细考了一些史料，基本可以确定：石达开一行被凌迟的地点，就在臬台监狱空间内的三合土院坝。

……

我记得，在得到李殿元、张绍诚的回电之后，我的心情反被一丝诡谲的气息牵扯着。

我对夫人说：小程，穿厚点！走，我们开车出去。

"你发什么疯？这么晚了，外面刮着大风……"

屹立在成都科甲巷的石达开诗碑。（蒋蓝/摄）

我们从住处九眼桥出发，开车仅 2 公里就到达了督院街口的"院门口"。

我把车靠在路边，对夫人说："相传这里是石达开等人被凌迟的地方。他们由科甲巷监狱到总督衙门受审，必须经过这里……"

"你这个疯子！你去看什么？鬼影子都没有一个。我在车里等。"

我站在大风中，风把破报纸、垃圾扬起来，路灯在独自阅读。苦苦挣扎了一个冬季的枯叶，终于力尽了，它们与枝头告别，被大风带往黑空，就像黑暗骑士一样翱翔在自己的尸骸之上，这使得夜空被抬高，被垃圾、枯叶抬高，高到破裂之处，它们回旋往复，不愿意回到我的身边。

是的，我看到的，不过是鬼影子……

刑法的制式工艺化

　　琦善出任晚清四川总督期间，发生过一桩剥皮的"小事"。

　　琦善派遣随员张某出任四川某县的县令，张某到任看见有一个游民在剐蛤蟆（青蛙）皮，顿时大怒。当时正是伏暑天，张某指派差人把那游民的衣服脱光，再拿厚皮纸用糨糊把他全身都贴满，在烈日下晒干，再叫凶狠的差役一层层地揭下来。那人被整得遍体脱皮死掉，于是，四处捉蛤蟆的人立即不敢再行动了。人们因此叫张某是"张剥皮"。

　　捕捉青蛙而作为菜肴，历来是四川农村常见的事情。一方面是为了大快朵颐，但更多的还是穷人为了果腹，所以不惜残杀益虫，败坏生态环境。但"张剥皮"的所作所为，绝非出于保护生态，而是以暴制暴，以残忍对残忍。

　　现在，这一令人惊悚的方式，要得到贯彻落实了。

　　在接到骆秉章会同成都将军完颜崇实的"六百里驰奏"后，朝廷传旨："石达开勿庸槛送京师，即在四川省凌迟处死，并传首滋事地方示众"。

　　"爱民若子"的骆秉章自然选择了凌迟。这也并非就是骆秉章的残酷心性使然，对待异端领袖，凌迟成为了他们的一致性结局。

民国初年的"成都市立"医院，此位置即为石达开等4人凌迟之地。选自《巴蜀撷影：四川省档案馆藏清史图片集》。

凌迟之刑在秦汉就已经出现，但不为国家法典允许，属于私刑。作为刑法，凌迟最早出现在五代时期，正式定为刑名是在辽，此后，金、元、明、清都规定为法定刑。发展到清乾隆时期，如果打骂父母或公婆、儿子杀父亲、妻子杀丈夫，也是触犯伦理道德的重罪，要处凌迟刑。但为了镇压农民反抗，对于不交纳赋税的也要处以凌迟刑，这在明太祖时期尤为突出。朱元璋亲颁《大诰》全面推行凌迟。朱棣靖难之变以后用此刑杀害的朝臣100多人，铁铉受刑，居然是在朝堂之上。每割一块肉还把肉放进铁铉口中，问他香不香。铁铉说："忠臣孝子之肉，有何不甘！"

对此，清代著名学者钱大昕指出："《唐律》无凌迟之刑，虽反逆大恶罪止于斩决不待时而已。陆游谓五季多故，以常法为不足，于是始于法外特置凌迟一条。① 宋初颁行刑统，重罪不过斩

———————

① 见《渭南文集》。

绞，亦无凌迟法也。真宗时内官杨守珍使陕西，督捕盗贼，'请擒获强盗至死者付臣凌迟，用戒凶恶。诏捕贼送所属依法论决，毋用凌迟。'仁宗天圣六年，'诏如闻荆湖杀人祭鬼，自今首谋若加功者凌持斩（持与迟同音）。先时，江淮捕盗官奏获劫盗六人，皆凌持。朝廷以非有司所得专，因诏获劫盗虽情巨蠹毋得擅凌持。凌持者，先断斩其支体，次绝其吭，国朝之极法也。'①。神宗熙宁八年（1075 年），沂州民朱唐首告前越州余姚县主簿李逢有逆谋，遣权御史推直官蹇周辅劾治，词连右羽林大将军秀州团练使世居、医官刘育等，诏捕系御史台狱，令范百禄、徐禧杂冶狱具，世居赐死，逢、育及河中府观察推官徐革并凌迟处死，将作监簿张靖、武举进士郝士宣皆腰斩。马端临谓'凌迟之法，昭陵以前虽凶强杀人之盗，亦未尝轻用，自诏狱兴，而以口语狂悖者皆丽此刑矣。诏狱盛于熙丰之间，盖柄国之权臣藉此以威缙绅，非深竟党与，不能以逞其私憾，非中以危法，不能以深竟党与，此所以滥酷之刑至于轻施也'。"②

由此可见，凌迟是国家之"极法"，为万不得已的凌厉之刑，不可轻易使用。宋末的历史学家马端临的一段话足以发人深省。如果说明朝的柄权者已经把凌迟、剥皮之刑发挥到一个大境界，那么到清朝中叶以后，凌迟的残酷大戏在各地频频上演，俨然是登峰造极！这一方面深刻反映出"民不畏死，奈何以死惧之"的群体心态已成燎原之势，另一方面也彰显出清朝政局的摇摇欲坠。

凌迟在历代操作中是不同的，一般是切 8 刀。先切头面，后

---

① 见《文献通考》。
② 《十驾斋养新录》，上海书店出版社 2011 年版，第 137—138 页。

刑法的制式工艺化

是手足，再是胸腹，最后枭首。但实际上比 8 刀要多，清朝就有 24 刀、36 刀、72 刀和 120 刀四类。据记载，实际执行时，对恶贯满盈者，则可以增加刀数。最多的是明朝作恶多端的太监刘瑾。被持续脔割了 3 天，共 4700 刀。但是否如此，不得而知。我觉得比较真实的是对付袁崇焕的"鱼鳞剐"，剐 13700 刀，分 3 天完成，英雄的肉还被广大百姓分而食之……周实先生在《刀俎》中，为汉语读者详细描摹了袁崇焕遭受"鱼鳞剐"的细节，可以参看。

这也难怪，连素来与法律不沾边的美国舞蹈家伊莎多拉·邓肯，也在自传《我的爱，我的自由》里仅有一处提到中国时，她写道："中国的酷刑是世界有名的。"

曾任陕西道监察御史的重庆人程次坡（1779—1826 年）曾经上折指出：四川一地吏治日趋严酷，州县多造非刑，有"绷杆""钩杆""站笼"等奇怪名目，地方官员心机诡诈，对待犯罪的低级官员则是付之宽典，大施仁政，而对待老百姓则是严刑峻法。程次坡认为，这怎么不是轻重倒置呢？所以古来"贪""酷"二字就是一条连裆裤，贪则鲜有不酷，酷则鲜有不贪者，所以，酷正所以济其贪也①。

程次坡认为罪犯愚昧，应当宽严相济。他目光如炬，洞悉了一系列藏匿在滔天酷刑之下的贪婪之心。置身于四川官场这一酷与贪的语境之下，石达开一行的命运，顺着疼痛铺垫出来的丘陵，逐步被推搡着达到了一个让人难以直视的顶巅。

----

① 小横香室主人编《清朝野史大观》卷四"清朝史料"，上海科学技术文献出版社 2010 年 4 月版，第 341 页。

我进一步发现，在对凌迟工艺进一步细化的谱系中，曾国藩的贡献不亚于他为后世提供的"为官心得"和处事箴言。这个温文尔雅、吃透了传统文化的大儒，对凌迟来了个芝麻开花节节高，就是在割去受刑者的肉以后，还要撒上几把盐！而骆秉章在这条血肉之路上再出老谋深算之奇计——割开身体之后，用烙铁再细细烫一遍创口！不然犯人死得太快了，缺乏看点。这个改良主义的设计，首批试验者就是石达开一行。① 如果说，曾国藩的改革是为了加剧受难者疼痛以泄心中的大怒火，那么，骆秉章的改良就是为了延续受刑者的痛苦——防止因失血过快而死亡，使得受刑过程变得过于单调，缺乏高潮和结尾！

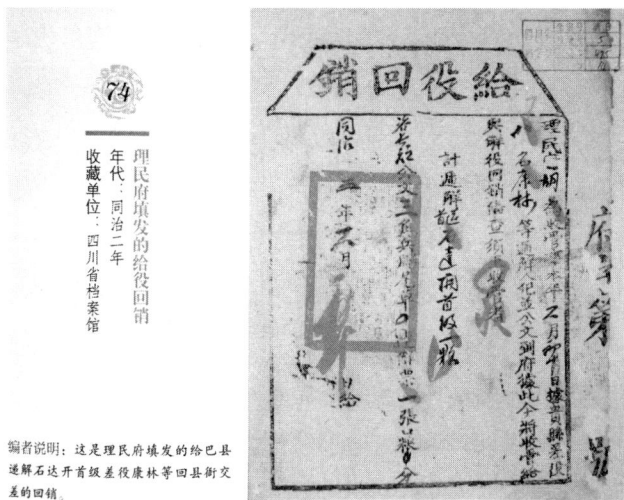

74

理民府填发的给役回销

年代：同治二年

收藏单位：四川省档案馆

编者说明：这是理民府填发的给巴县递解石达开首级差役康林等回县衔交差的回销。

同治二年，理民府填发的给巴县府递解石达开首级回销。选自《巴蜀撷影：四川省档案馆藏清史图片集》。

---

① 见鄂华《石达开死亡真相考》，刊于《历史研究》1987年第5期。

而根据成都民俗文化学者蒋维明《科甲巷与石达开之死》的考证，行刑的刽子手计有 3 人，其中一人叫余宝，他的师爷叫段一刀，距此 60 年前，在成都东较场对白莲教首领冉天元实施凌迟，因为刀法精湛，四川总督特奖励银牌①。深得师傅真传的余宝，要牛刀小试了。从时间上我推测，范某与段一刀，极可能是师兄弟关系，从属师爷段一刀门下。

他们隔刀而立，向刀看齐。古有庖丁解牛，现在是肢解活人。

我的老家盐都自贡，有一道名菜叫"火边子牛肉"，是用极锋利的小刀剥下推卤牛的腿部肌肉，成巴掌大小，再予上味、熏烤。山西作家李锐在长篇《银城故事》里，借用了这个脍炙人口的刀法，移之于清廷酷吏威胁革命党，刀光清幽，自然获得了成功。这个刀法是否启发了骆秉章以及魔头范某、段一刀，不得而知。

王闿运尊经书院的弟子、日后名满江湖的文人沃丘仲子（本名费行简，1872—1954 年），自幼随父亲费秉寅在四川生活，并在黎元洪主政时期曾被四川省推为省代表，参与商讨组阁等事宜。后曾任仓圣明智大学教务长。新中国成立初，晚年的他供职于上海市文史馆。著有《慈禧传信录》《近代名人小传》《民国十年官僚腐败史》《观堂先生别传》《当代名人小传》《清代贵州名贤像传》《清宫秘史》《段祺瑞》等。2018 年 5 月，我接到费行简后人费嫒雄先生的来信："费秉寅曾经担任四川阆中县知县，因苛虐病民而革职。我爷爷费行简有 5 个孙子，我是老三叫费嫒

---

① 见《锦江文史资料》第八辑，成都市锦江区文史委员会 2004 年 1 月编印，第 60—63 页。

雄，今年 75 岁，二哥费骏雄，今年 77 岁，大哥费健雄，前年 80 岁心梗去世了，老四费申雄，今年 73 岁，小弟老五费庆雄，四十几岁就因心脏病早逝了。就因为老了，才感到要把我们家史理一理对小辈有个交代……爷爷所写的石达开，那完全是‘如是我闻’，真实性非常高！”

费行简根据其父亲费秉寅的口述回忆，在民国时期写出《石达开在川陷敌及其被害的事实》一文，高度的亲历性，具有不可或缺的特殊价值。文中特意提到：“除刘杨所讯，笔者未经目睹，余三次曾于 1897 年从军署印房档案中抄出。虽为友人广西唐倬章借观，未及归还，彼已身故，遂志佚落，但大体尚能记出。第二劝降问答。彼时滇，黔，陕，甘军务吃紧，川将能战的不多，骆很想招石征滇。遂派朱诒孙、唐友耕、许培身三人数往劝降，其问答之词，朱唐皆有手折呈报。第三当时公牍。有为先父所述的，有为笔者见于档案中的。第四父辈目睹事实。先父既诸老辈所目睹而追语笔者的当时事实。其他传闻故事，恐不可靠，故未敢采录。”①

话说得有礼有节，似乎可信度极高，但他笔下的“石达开事件”错误颇多。

他说，据说当夜行刑时，刽子手按照骆秉章的吩咐（自然是指刽子手重其义），未照例碎剐，只刺胸一刀即斩首，以减轻痛苦。而且说石达开是 7 月中才被处死的。这样讲出来的痛快死法，类似忠王李秀成之死——难道就能减轻翼王遭受的“碎割”之苦么？

---

①　史式主编《石达开新论》，团结出版社 1989 年版，第 154 页。

刑法的制式工艺化

2002 年，在我完成的组诗《酷刑之书》里，有《凌迟》一诗，就是对石达开"成都之刃"的追忆——

午门旗杆的造影

是最静的火，使岑寂的时间布满危机

豹子在权力的巅峰消匿

以一身溶金的梅花

从受刑者的身上显出文身

刀斧手的杀气，轻易就被豹纹消解了

这是体制的黄昏。比尘埃抵达石头还慢

慢到阴谋的脸颊舒展为泥塑

慢到档案作废，蠹虫修炼为字

金属从血槽里醒来

迎风一挥，发出干嚎

吃了豹子胆的造反者

只能躺进自己的裸体

坦然地接受，回收所有的痛楚

他把与疼痛勾连的同义词敞开

但刃口总是回避词根和性命

它在硬和软的内部施展间离

豹子返乡的狐步

将伤口拉出坡度

肉立在尾巴上，血才追上来

痛的最真处，心脏一点点内翻

吹毛立断的刃口，一直在骨膜工作
一个标本，展示血的所有流法

肉一片一片的退进骨头，失去花纹的豹
以破碎的脚趾阻止内心的塌陷
痛比思想更具体，它总是比刀锋先行抵达
就像折断的枝丫
回忆着花的呼吸，等待再一次折断
夕光烧成了一炷香灰
时间在内脏里空转

国家的仇恨被娴熟的刀口落实
染成旗帜、剑穗和红皮书
豹死无皮，人死也无名
帝王的意志和律法
不断把逆反的名字从刀尖纳入
广场的宏大建筑
和国家身后
低姿态的生活
怎么会有剐不完的肉
以及如此铁心的骨头？

惨叫能够让一个人变形
舌齿间，紧紧咬住一个王冠的头颅
这使我相信

权力与利器靠得最近

布满锈迹的刀

在与肉体大反复较量中

更加锋利

比起石达开的凌迟，这些诗句轻得托不起一滴血。因为我们无力去想象，既没有被折断的想象的翅膀，也没有羽毛。那是无法想象。只有最纯粹的白与黑，铺满了成都平原。

人子的血，在乌云的俯视下尽情漫漶，这是对乌云的"描红作业"。它与那种阳光为乌云镶出一道金边美景的不同之处是，血的踪迹宛如一个胴体的彻底摊开，贴地而飞的红金箔，在乌暗的大地上，构成了"天狗吞日"的晦昧。那被黑暗染黑的血液，反射着天上的一幕：太阳为蘸满污血的刀，镶出了一道轻浮的蕾丝花边儿。但被骨头撞碎了一块的刀刃漏出了金属的底色，那才是一具模糊的血肉所能达到的最高巅！

6月的成都，闷热无风，停在槐树与银杏树上的金刚蝉，用干燥的叫嚷把城市的狂欢彻底打开。行人赤膊上阵，官人举而不坚。那又是一个朝纲解纽、兽性大发的时代。1863年6月27日中午之后的成都，被一股冷气彻底攫住。有人甚至说，城市周围的山野，飘起了雪……

就连云南大关县的正史里，对此也有出神入化的记载："（石）达开诛时忽起云雨，一大龙飞焉。"①

———————————

① 民国二十年修订本《大关县志稿·乡宦传》，见《昭通旧志汇编》，云南人民出版社2006年版，1350页。

一个人虚弱到无力把痛苦"拧成一股绳"而扔出体外，那就只好把痛苦收拾好，堆成一堆烂柴，寄放行李一样放置到能够承担得起的部位。一个虚弱的人抱着痛苦取暖，倒在十字街头。头顶星光灿烂。恶法的律令让悲哀无边而平躺。

"他的名字就是反抗的名词"

　　成都将军完颜崇实为大清内务府镶黄旗、显贵名士完颜麟庆长子，道光三十年（1850 年）进士。他虽然作为驻防将军只是管辖旗人，但权力辐射西南官场角落，当他加衔为"提督满汉官兵管辖松建文武"之后，自然还要干预洋务藏务。咸丰十年五月，四川总督曾望颜因为镇压起义军不力而被咸丰皇帝革职留任，七月，新任四川总督东纯在赴任途中病逝于湖北荆州，咸丰只好委派驻藏大臣崇实署理四川总督。骆秉章一来，俨然已经是四川的摄政王，但还是约其一同会审石达开，以示必要的尊重。资料显示两人会讯石达开总共 3 次。其中一次因骆骆秉章患病无法视事，改由四川藩司刘蓉、臬司杨重雅代讯。由于石达开已经从狱卒那里得知在大树堡的二千多名子弟兵被屠杀一尽的消息，当杨重雅再次向石达开提起劝降之事并且大谈"本朝仁德"时，石达开忍不住了，大声质疑大树堡背信屠杀之事，他强硬地说："骆秉章不是说，本朝从不杀降者的么？而今又如何？天下有本事推翻满清的人多得很，不一定非要我石达开不可！"说完，拂袖而起，在场清吏无不尴尬，不得不令人将他送出。

清同治《平定太平天国陆战图》。

四川官府一共提审了石达开等人 5 次。这一期间，朱诒孙、唐友耕和他兄弟、许培身等人轮番到关押石达开的臬台监狱劝降数次，无功而返。1863 年 6 月 27 日，见榨不出什么油水了，更怕突生变故，因为民间风传石达开的残余已经渗透到成都准备劫狱，四川方面决定立即用刑。骆秉章的奏稿里就说："谨援陈玉成之例，当即恭请王命，将石达开极刑处死。其子石定忠，现年五岁，例应监禁，俟及岁时照例办理。"

清末文人周询的《蜀海丛谈》记载石达开等人的行刑背景是——"当时天色昏暗，密云不雨"。

如此描述暗合《易经·小畜》："亨。密云不雨，自我西郊。"意思是：通达。浓云密布而不下雨，从我西边的郊野飘聚过去。凌迟为看客们所带来"通达"，想来在溽热不堪的成都，可谓凉风四起！

周询的父亲周之翰当时充任四川省城成都保甲总局提调，管辖范围限于成都城内及城外附郭街道，职责为清查户口、盘查可疑人员以及防火防盗等事情。算是省城治安要员，叨陪末座，目睹了石达开一行的受刑全部过程。也许所受刺激过甚，他把全部过程转述给儿子，因而周询在《蜀海丛谈》的记载应该是十分可信的："就死之日，成都将军崇实与骆文忠同坐督署大堂，司道以次合城文武咸在。石及两王跻堂，为设三拜垫于堂下。三人者皆跏趺坐垫上。其头巾及靴褂皆黄缎为之。惟石之头巾上，加绣五色花。两王则否。盖即章制之等威也。"天国历来推崇鲜丽服饰，裁缝、女营中高水平的刺绣工一直受到优待，作为藏匿于衮衮华服之后的导演，现在导演成为了规划锦绣天国的人物，这种一反"朴素为美"的审美法则，峭拔而张扬，从石达开等人的服饰上就可以得到佐证。

周之翰参加了审讯全过程，在其儿子的笔下，细节金钩铁划，力透纸背：

就死之日，成都将军崇实与骆文忠同坐督署大堂，司道以次合城文武咸在。石及两王跻堂，为设三拜垫于堂下。三人者皆跏趺坐垫上。其头巾及靴褂皆黄缎为之。惟石之头巾上，加绣五色花。两王则否。盖即章制之等威也。清制，将军位在总督之右，骆故让崇先问。崇语音低，不辨作何语。只见石昂头怒目视，崇顿气沮语塞。骆始言曰，石某今日就戮，为汝想，亦殊值得。计起事以来，蹂躏数省，我方封疆大吏，死汝手者三人。今以一死完结，抑何所恨。石笑曰，是俗所谓成则为王，败则为寇。今生你杀我，安知来世我不杀汝耶？遂就绑。石下阶，步略缓，两王仍左右侍立，且曰："仍主帅先行。"石始放步先行。是时先太守甫戳取来川，充成都保甲总局提调，所目睹也。

三个刽子手为师兄弟，铆足了劲喝下几碗烧酒。他们上身赤裸，着大红裤子，双肩披红。既便如此，蜀地的溽热已经让他们大汗裹身。其中一个叫余宝，出自师爷段一刀门下。段一刀60年前在东较场（怎么又是东较场啊！）凌迟处死过白莲教起义军36岁的首领冉天元，然后剖腹挖心，孜孜以求，食不厌精脍不厌细，他的细腻酷刑赢得了观赏者的一致称道，四川总督特授银牌。奖牌屠夫不是吹的，稳、准、狠三字诀是其心法，余宝要不负师爷教导，再获殊荣。

　　周询在《芙蓉话旧录》里特意讲述了四川一地的凌迟技术细节："剐人时，先以刀划人犯之额，再以铁抓扯下额皮一大片，垂至眼际。续以刀划两乳上，各作一斜十字形，始剁其手足，手由腕际，足由膝际剁下。然后戳心剖腹，取出五脏，最终方刓头。其状至为残酷，皆杀父母及谋杀本夫之重罪犯也！"在这一操作谱系中，赫然从血泊里升起了一个"凌迟之主"。

　　周询特别提到了成都省城一地的操刀鬼："当同治及光绪时，有范某者，为城守营之领旗马兵，凤称刽子手中之巨擘，自弱冠以至七十余岁，手刃及剐之人，不可数计。每斩一人，给钱一千文，剐则三千文。后之行刑者，亦无一不是范之弟子。在省城言杀人事，亦无不知有范某者。"[1] 爱新觉罗·载淳在1862年登基，开启了"同治中兴"的新时代，石达开等人的剐刑，在成都自然不会从"刽子手中之巨擘"范某的麾下逸出。

　　也就是说，执行石达开等人凌迟的三个刽子手，均为"刽子手中之巨擘"范某的嫡传弟子。

---

　　① 《芙蓉话旧录》，四川人民出版社1987年8月1版，56页。

老人总有一些怪癖，尤其是一个不贪财、不贪女色的老年官员。骆秉章很仔细，特意嘱咐使用"鱼鳞剐"，要一小块、一小块、很精细地、很均匀地切分巨魁。当年他在长沙城用大炮击毙了西王萧朝贵，那是很不解恨的。他很想看看这个巨魁中声望最高的翼王，皮相之下到底藏着什么反骨。他特意补充，再准备生石灰，出血就撒……

在此，我就不能不承认骆秉章的毫无人性了。转念一想，身处高位的官僚，如果不是"厚黑学"的嫡传弟子，又岂不坏了"规矩"？

午时动刀，行刑持续两个多时辰。古人认为兔羊在未时要吃草；现在已经申时了。申时又叫哺时，又名日铺，据说，猴子喜欢这时啼叫。属相为兔的石达开，一声不吭，他在咀嚼，咀嚼自己的舌头，自己的嘴唇，用牙齿咀嚼牙齿，反刍成一个血洞。出生于1793年的骆秉章属相为牛，他也在咀嚼，在慢条斯理地咀嚼，以更慢更舒缓的姿势，完成自己肠胃的周天循环。

我们在描绘近现代西方酷刑场面的史料中，看客们脸无血色、当场昏厥的很多，但我从所有涉及记载石达开一行受刑场面的记载文字里，除了官职最高也最娇弱的完颜崇实之外，我看不到一帮看客的心态，哪怕是半丝战栗！

属猪的唐友耕表现如何呢？在这个连成都将军完颜崇实已经惊怵得语无伦次不愿再看下去的场合，可惜没有任何人再写他一笔，这让我太失望了！我猜，他面带猪相地看，一脸的庄严，放着皮影戏一般的光。主流文化的肃然与庄重，伴随血肉横飞的演出回到了他脸上。沉默不但是蠢材的美德，而且也是武夫面对血肉的决绝。心不动，身不摇。

苍蝇停在鼻子尖排卵，有时，痒意比他妈的疼痛更难忍受。

用四川话说，他是屁股夹得住五把算盘的人，忠君爱主，酒色财气，盘算珠子打得噼噼啪啪……这里，我必须再引一段现代著名历史学家任乃强先生《纪石达开被擒就死事》的描述，因为它牵扯出了一个十分重要的疼痛理论。石就刑之日，有邛崃人李某，时方壮年，通过特殊关系，买通狱吏，混入狱中隐藏；亲身目睹了当时悲壮的一幕："石王与曾仕和对缚于十字桩上。行刑人分持利刃，先剜额头皮，上掩双目，次剜双腕。曾文弱，不胜其楚，惨呼。石徐止之曰：'何遂不能忍此须臾？当念我辈得彼，亦已如此，可耳。'曾遂切唇无声。凡百余刀，剜全体殆遍。初流血，嗣仅淡血，最后仅滴黄水。刑终，气早绝矣。"[1]

德国哲学家阿多诺在 1966 年出版的《否定的辩证法》中这样说："日复一日的痛苦有权利表达出来，就像一个遭受酷刑的人有权利尖叫一样。"在此，已经不是比喻的问题了。比喻不是一把撒在伤口的盐。比喻是逼使身体透明的强光，它让栓塞的内心获得牵引。比喻偷走了血和肉，疼痛找不到自己的兄弟了，只剩下破天的狂叫。应该这样说，"一个遭受酷刑的人有权利尖叫，他日复一日的痛苦有权利表达出来。"书生出身的曾仕和在此发现，剧痛对身体发动了一场游击战！自己在口语、纸上谋划的计谋一旦落地，竟然是如此让人不堪重负！

但是，曾仕和不再发出痛苦的叫喊。他熄灭了这种身心的分离。痛由口腔回到了心脏。韦普成没有声音，黄再忠没有声音。黄再忠的妹妹黄玉英还是翼王的第二任妻子。他们与石达开构成

---

① 　见西康省《康导月刊》1943 年第五卷，第七、八期。

了一个意味深长的四边形，就像是一个寻常的战前会议。血与肉的沙盘作业，凝固了那过于冗长的对视……纵深而持久的痛苦虚火荡漾，逐步下沉，最后具有一种薄荷的凉意。因而，面对一波又一波叠涌而来的痛感，当事人已经具备踏浪而行的"凌波微步"技术，而不再是挺起胸骨去硬撞硬接。

让我比喻一次。那是四块相向而立的铜镜，构成了一个四边形的明亮区域。一团火焰被另外一团火焰照亮，火焰将火的丝绦挂在另外一团火的脖子上。镜子照射镜子，镜子反射镜子，那是：血在为血输血。血形成了一条弧形的长廊，构成通往镜子背后的历史。回环不已的血气，在一种逆时针的旋转中置换着老鸦漩的漩涡，松林河的漩涡，凉桥的漩涡，王娘伸出漩涡的手臂，将士们浮满大渡河的尸体，河流肿胀得无法流动。芙蓉花突然大叫起来。花叫。但是，那四块铜镜听不见，他们的耳朵交给了不透明的火，他们在疼痛的波光里越漂越远……

让我再比喻一次吧。这时，太阳突然从乌云深处投来几缕金光，像是飘坠的雪片。

在敌人没有使用破布或者曾仕和自己的肉塞进他嘴里之前，石达开用一句话，止住了曾仕和狂跳的喉头。他太明白了，完颜崇实、骆秉章、杨重雅、刘蓉、唐友耕、牛树梅之流需要的，是恨不得用喇叭放大这种恐怖的嘶叫，他们要叫一切有反骨的异端骨头发酥。

"何遂不能忍此须臾？当念我辈得彼，亦已如此，可耳。"这是石达开冒血的咽喉发出的最后一句话，也是大实话。

在天国人心目里，即使凌迟也有"敌我之别"。《天父下凡诏书一》中提到，"我血叔如此狼心，众兄弟要将他凌剐矣。"何谓

"凌剀"？明朝《字汇》指出：剀字，"先齐切，音'犀'。伤皮也。又陈知切，音'池'。剀鱼。"客家话里，只有杀人才叫杀，杀猪、杀鸡只能叫"剀猪、剀鸡"，读作 ci。在天国人的语言里，他们凌迟敌人就像是屠宰牲口，足见其语言道德观。

对于凌迟，太平军是十分熟悉的。天国发生内讧的 1856 年，洪秀全利用韦昌辉杀害杨秀清及亲信 6000 余人，"醢而烹之，夷其族"。据说天朝还请高级将领分食杨秀清的肉羹。富有戏剧性的是，杨秀清被杀的那一天，后来洪秀全于天历九年颁行历书、诏旨中，钦定"七月二十七日"为"东王升天节"，不知道这是对杨秀清的追忆还是对韦昌辉的嘲讽。这两个月总共杀了文武官员 2 万人。当石达开指责韦昌辉兄弟相残后，韦昌辉说："我虽不欲仇石氏，石氏亦必仇我。怨不可解矣。"他索性派兵围剿翼王府，杀石达开母妻子女等数十人。[①] 后来，洪秀全又利用石达开来天京靖难，凌迟处死韦昌辉，将其尸体寸磔，割成许多块，每块皆二寸，挂在各处醒目的栅栏处，上书"北奸肉，只准看，不准取"。对异己者标为"叛徒、内奸"，从来就是"拨乱反正"的不二法门，而最具罪与罚中国意义的凌迟，自然会被权力发挥到极致。

以血偿血，以肉偿肉，自然是符合那个黑暗语境中的血性法则。但曾国藩说，"查贼渠以石为最悍，其诳煽荼民，张大声势，亦以石为最谲"；极度自负的左宗棠也承认："石逆狡悍著闻，素得群贼之心，其才智出诸贼之上，而观其所为，颇以结人心，求

---

① 见王文濡编撰《太平天国野史》，江苏广陵古籍刻印社 1993 年 6 月版，第 326 页。

人才为急，不甚附会邪教俚说，是贼之宗主，而我所畏忌也。"显然，石达开不但是社会制度的心头大患，而且让朝廷大员们一再蒙受耻辱，一旦置之于权力的绞肉机下，也顺理成章地把一己的耻辱记忆细腻地铺排出来。有条件上、没有条件创造条件也要上的惩罚逻辑，得到了畅行无阻的配合与落实。在这个价值逻辑下，讨论"坦白从宽、抗拒从严"是幼稚；与屠夫讨论"言出必行"更是脑残。

第一辑《太平天国史料译丛》① 记载了 1862 年 5 月 13 日，《泰晤士报》发表的一封英国军人的信，信中说："我跟一大群人去看清军屠杀俘虏的太平军，这批俘虏是英、法两国军事当局交给满清方面处死的。……这批俘虏，有男有女，有老有少，从刚出世的婴孩，到 80 岁蹒跚而行的老翁，从怀孕的妇人，到 10 至 18 岁的姑娘，无所不有。清军把这些妇女和姑娘，交给一批流氓强奸，再拖回来把她们处死。有些少女，刽子手将她们翻转来面朝天，撕去衣服，然后用刀直剖到胸口。这批刽子手做剖腹工作，能不伤五脏，并且伸手进胸膛，把一颗冒热气的心掏出来。被害的人，直瞪着眼，看他们干这样惨无人道的事。还有很多吃奶的婴儿，也从母亲怀里夺去剖腹。很多少壮的男俘虏，不但被剖腹，而且还受凌迟非刑，刽子手们割下他们一块一块的肉，有时塞到他们的嘴里，有时则抛向喧哗的观众之中……"

李鸿章答应赦免苏州的太平军降军，甚至封官许愿，请了洋枪队首领戈登做保证人，结果是将降人全部屠杀。戈登为这种欺骗大动肝火，要和李鸿章决斗，并拒绝了清廷一万两白银的赏

---

① 王崇武、黎世清主编，上海：神州国光社 1954 年版。

赐。这个侵略者，在"言出必行"上是认真的，他怎么能明白这是黑暗体制惯用的套路呢？1864 年，天京城沦陷，在处理"降将"李秀成时，1864 年 12 月 18 日的《纽约时报》是这么评价的："至于会是怎样的判决，其实已无须多问。确实，清廷如果放过像忠王这样的声名卓著的叛军领袖，那一定是疯了。他的名字本身就是反抗的名词……"① 移之于石达开，完全成立。

于是，我们在《清史稿·洪秀全传》等史料里，可以看到繁多的凌迟记载：

> "擒伪天德王洪大全，槛送京师，磔之市。"
> "生擒李开芳（天国北伐主将），磔之。"
> "林启荣、李兴隆（天国九江守将）均败死，磔其尸。"
> "擒悍目蓝承宣，向扰害蕲、黄者，寸磔之。"
> "陈坤书（天国护王）凌迟处死，枭示东门。"
> "乙巳，陈玉成解京师，诏于中途磔之。"
> 林凤祥遭受凌迟，"刀所及处，犹目光直视之，未尝出一声！"
> ……

"大明一朝，以剥皮始，以剥皮终，可谓始终不变。"这话是鲁迅在《病后杂谈》中讲的，可谓一语切中要害。这是否也可以移之于清朝呢？

这自然让我想起了福柯的《惩罚与规训》一书探讨的宗旨。

① 郑曦原《帝国的回忆——〈纽约时报〉晚清观察记》，当代中国出版社 2007 年 1 月第 1 版，第 199 页。

"他的名字就是反抗的名词"

福柯关于 1757 年达米安因谋刺国王被判处酷刑的详细描述，比起"国粹"之凌迟，实乃小巫见大巫也。福柯以为，此后 80 年间，惩罚原则已经从对人身体的摆布与疼痛的操控等酷刑，逐渐转变成非人身刑罚系统。就是说，前者代表了对身体的惩罚，现代监狱制度建立之后，则是一套对心灵的惩罚系统。这是福柯的研究言路，在我看来，凌迟的意义，死亡固然是终极，但加剧的持续的痛苦其实是其主语，并放大为一种疼痛训诫：权力机器用一堆抽搐的烂肉，给看客们上了一堂立场课：端正思想，做安分守己的良民，否则，这就是你等的下场。最后，权力者在热切渴望播施广泛的恐怖效应之余，鉴于石达开的不合作（桀骜不驯。沉默。没有呼天抢地，屎尿乱流，泣血忏悔，现身说法……），他们仍然是留有遗憾的。

庖丁解人的狂欢演出没有达到目的。这个凌迟的仪式，反而使石达开名垂青史，成为了太平天国运动以来最受世人铭记的英雄。

而对于视身体痛苦为生存常态的民族来说，西人所谓"灵魂的苦痛"在中国是不具备普世意义的。它过于高蹈和遥远，仿佛异类。对大众而言，流汗吃饭、流血赚钱本就天经地义；敢于寸刀割人，必然就有付出加倍代价的决心。所谓"舍得一身剐，敢把皇帝拉下马"的价值算式，一直就是历代革命者的身体筹码。因为除此之外，革命者实在拿不出什么可以换算的东西了。但西方人不同，他们可以并列出人身自由、爱情、子女、名声、前途等等筹码。国人灵魂的痛苦，基本上已经被身体之痛偷梁换柱，而且把身体之痛视为了一种合理的承受。那么，当权力的绞肉机已经逐渐钝化于这样的麻木群体时，如何让制度的刀片得到及时的更新换代，反倒是让操作者产生"灵魂的痛苦"了。

这就进一步意味着，国家机器才是唯一合法酿制纵深疼痛的温床；而敢于反抗这一价值谱系的人，必然要提供更为锋锐的骨头使之折断。这一以暴制暴的循环，基本上构成了中国道德价值学的骨架。孟德斯鸠在历数专制制度下的惩罚与预防方式之后说："让我们顺从自然吧！它给人类以羞耻之心，使之从羞耻受到鞭责。让我们把名誉作为刑法最重的部分吧！如果一个国家，刑罚并不能使人产生羞耻之心的话，那就是由于暴政的结果，暴政对恶棍和正直的人使用相同的刑罚。"① 在我看来，无论是名誉还是死亡的威胁均难以在中国产生预想的效果，只能说明数千年专制的罪恶。

我想，石达开之所以感动后世，一是他的睿智、豪爽、悲情所形成的人格魅力；二是恰在于，是他承受了生命中不堪承受之痛。他用上百块挂在铁钩上的肉，突破了一种大限。所以他无须再讲一个字。因为，对一具被制度的刀具细心洞穿的身体来讲，再多讲一个轻慢的字就是丧尽天良。

根据史料，我在试图复原那天的场景——

他们一行被绑缚在两根结实的十字交叉的木桩上。绳子多半是细麻绳，被水吃透，越是挣扎，越是吃紧。疼痛可以让人拼命去拗坠麻绳，用麻绳之痛来转移刀口的纵深之力。毕竟手臂是人体最能吃痛的部位。但肉尽骨显，受刑者却无法自行折断骨头。疼痛一直在骨头上慢慢地锯，这种毫无声音的疼痛，以锥子般的钻凿力，成为了较量的平面。大剂量的血，就像一个笨手笨脚的学徒，不停地擦拭先生的泼墨！他一错再错，只好不再跳出来瞎

① 《论法的精神》上册，商务印书馆 1982 年版，第 85 页。

忙。血渐渐少了，一种奇怪的麻木感成为了泼墨的知音。所以，血顺着石达开的腿向凹地流淌，乱如蛛网。刽子手像展开游身八卦掌身法一样在东蹿西跳，尽量不沾湿鞋子，后来渐渐就不行了。大血管一旦被切断，血会决堤，冲他个猪头狗脸。

抵御疼痛需要极大的体力。1912 年 1 月 12 日，彭家珍勇掷炸弹炸断良弼左腿后，鲜血直涌的良弼突然产生了庆忌惜专诸的奇怪感情——不但要厚葬彭家珍，而且在德国医生开始为自己做截肢手术时，他拒绝使用麻药——他想当一回庆忌。他是被痛死的。现代心理学告诉我们，一个人只要怀着一线生机，那么，无论是多么大的疼痛，在"阀门原理"的瓶颈制约下，疼痛如突然收缩的河流，只有少量河水可以快速通过。在生机的牵引下，感觉阈急剧下降，起到了极大的"麻痹"作用。问题在于，凌迟之下的石达开绝无生机之念，只能求速死。速死而不能，脱去皮囊之累而不得，就像山陵的坡度跟血一样在慢慢降低。身体回归土地的过程中，横亘着无垠的锋利山丘。那么，怀着最大的绝望，去接受绝望安排的所有议程，就成为唯一合理的解释了。

绑在十字木桩上的石达开，像一头摊开的蜘蛛。血在地面编织着狰狞的构图，他的双眼被头皮覆盖着。残肢就像神话人物刑天一样，身体上突然睁开了无数双眼睛。

所有太平天国军人，都可以默诵洪秀全的《克服困难诏》："神爷试草桥水深，如何吃粥就变心？不见天兄舍命顶，十字架上血淋漓……"① 钉十字架的耶稣，如果目睹自己的兄弟，用接受 120 刀的缓慢方式步己之后尘，"天兄"会说什么？在《新约

---

① 《洪秀全选集》，中华书局 1976 年 1 月版，第 51 页。

圣经》当中，耶稣曾 5 次提到以"背十字架来跟从我"作为配当他门徒的必要条件①。受苦并不一定是受死，而更是受辱，门徒必须是准备好不被理解、被人歧视、甘于放弃信念之外所有累赘的人。如果说，钉十字架就象征自我否定和甘愿受苦，那么，绑缚在十字木桩上的石达开，没有自我否定，只有血肉淋漓的奉献。

交出自己，是为了 4000 多名兄弟免于死亡，那是一种怎样的感情啊？这种感觉真正落到了他身上。当他也许能够明白，在自己最为痛苦的时刻，恰恰是爱如渊海的时候。身体里的深渊，既是痛的渊薮，也是爱的大本营。这种爱一旦放大——不是一种形而上的假想出来的痛，而具体为一种真实的生理疼痛。

希腊作家卡赞扎斯基在《基督最后的诱惑》里，描写大天使加百列降临时总让基督生不如死，像是癫痫发作。就意味着，精神上没有准备妥当就要在肉体上受难，总是一般人的本能。曾仕和为什么呼叫？我想，不是他不勇敢，而是他没有做到绝望的准备。肉体受难就是精神再生的前题，或者说，两者是同时发生的。你在靠近上帝或完成成人礼时，绝望之痛或阉割的痛苦就必然出现。疼痛与爱是身体必然遭受的两种空前的感受，受难者是以疼痛来承接爱的活水，付出爱就必须获取疼痛。这就像烙铁的两面，以铁青的高温，在肌肤上愈合刀口——俨然履行着仁者的工作。

那么，扛起这所有的痛苦，是理所当然的。

---

① 详见：《马太福音》16 章 24 节；《马太福音》10 章 38 节；《路加福音》14 章 27 节；《马可福音》8 章 34 节；《路加福音》9 章 23 节。

绑在十字木桩上的石达开，是否看见了十字架的亮影？在烙铁激起的青烟里，"让死荫显为光明"。他，什么也不说了。

身体不是迷宫。身体也不是仙境。鲜血汩汩，在忍耐疼痛的自控力之下喷薄而出。痛激发了一种生存的本能，那是对生命的本能屈服。锯子锯的是骨头，而不是灵魂。另一种穿透了灵魂的痛，却在历史的长河里，屈身为桥。无论是怎样的圆凿方枘，石达开已经实现了一种荣耀：他彻底交出自己，吃完了自己的身体所匿藏的痛。他没有被疼痛毁灭，疼痛使他拔升，在浑身凉意中，明白自己 33 年的人间历程，在阳光突然穿越头皮的最后时分，已经成了！

一代才女伍尔夫发现了这个疼痛的哑默之谜。她认为，"英语能够表达哈姆雷特的意念和李尔王的悲剧，却没有言词来表达惊诧或头痛……陷入情网的学龄少女用莎士比亚或济慈来表达她的心声，但是，让一个受疼痛折磨的人向医生诉说描述头痛，他的言词便很快枯竭了。"① 在这个世界上，对于女性来说，倾诉也许是她们唯一的和最有效的抗拒疼痛的手段。但对石达开这样的人来说，生命的全部意义，就是回到受难的身体。

割完上身，"剔骨肉"的技术让肋骨原形毕露。血、黄水、大小便流泻一地，就是看客希望目睹的眼泪。接下来，就应该脱掉下装，旋去裆中之物……

余宝刀法精熟，也觉得有点疲倦了。他大汗淋漓，热汗冷汗交替而下。骆秉章一脸病容，熬了这么长时间，觉得也差不多了。挥手吩咐，叫他去查看已成一团烂肉的石达开是否已经死

---

① 转引自保罗·布兰德等著《疼痛》，东方出版社 1998 年 12 月版，第 237 页。

亡。余宝上前，用刀尖挑起石达开耷拉在眼睛上的头皮！那是凌迟的第一刀，就是把天灵盖发迹至眉毛的头皮割开，拉下来盖住受刑者的眼睛。突然，他看到了一个发亮的东西，在血水里燃烧。那是石达开的眼珠。石达开双目如电，亮得足可以熔化刃口。这就像鲁迅在《故事新编·奔月》里对"羿"的描写："身子是岩石一般挺立着，眼光直射，闪闪如岩下电。"

这是空前的一击，余宝毫无防备，他激灵打了一串冷战，一种从心脏喷射出来的冷意，游走全身，一地的液体好像是从他脚底漏出来的，他像一个空壳，料峭的冷意把他定在石达开的血肉前。

那把听话得像手指头一样的小刀，被一股无形的杀气生生剁断，当的一声掉在地面垫脚石上，反跳起来栽入他的脚背……

时间，在刀子反弹起来的一瞬被割裂，被撕开，露出了道袍下的黑。骆秉章与众人惊愕莫名，余宝顿失心窍，突然脱掉衣服，向门外冲去……从此状如疯魔。他迅速被体制抛弃，后来成为乞丐，成天在府河旁边哀嚎："我有罪，我有罪啊……"而府南河的下莲池一带，恰好是掩埋石达开等4人血肉的地方。

历史，就是这般巧合！

石达开的头颅被扔入了长江

在巴蜀历史上，有四次著名的"头颅搬运事件"。

开先河的是东周末期（约战国中期）的巴国将军巴蔓子。约公元前 4 世纪，巴国朐忍（今万州一带）发生内乱，时巴国国力衰弱，国君受到叛乱势力胁迫，百姓被残害。巴国将军蔓子遂以许诺酬谢楚国三城为代价，借楚师平息内乱。内乱平息后，楚国索城，蔓子认为国家不可分裂，身为人臣岂能私下割城，但不履行承诺是无信，割掉国土是为不忠，蔓子告曰"将吾头往谢之，城不可得也"。于是自刎，以授楚使。据说深受感动的楚王以上卿之礼，将巴蔓子的头颅埋在高山顶上，让他日日夜夜回望故国，而他的躯体，则在七星岗葬地，那里有"巴将军坟"。

"头颅搬运事件"接踵而至，一般人不大知道的，是起义领袖黄巢。884 年黄巢在泰山虎狼谷兵败，被外甥林言砍下头颅，占据徐州（今属江苏）的藩帅时溥手下的军人立即把这个邀功的林言诛杀，将一大堆首级送到时溥处，时溥马上用黄锻锦盒把黄巢等人的脑袋泡上水银，遣人飞速送往"临幸"成都的唐僖宗报捷。陌生的成都，成为了黄巢的归宿地。

"头颅搬运事件"中最著名的头颅，是张飞的头，那个大如斗的头颅。张飞在阆中被部将范疆、张达暗害，二人取其首级投奔东吴。行至云阳，闻说吴蜀讲和，便将其首级抛弃江中，为一渔翁捕鱼时打捞上岸，埋葬于飞凤山麓。

还有一个著名的头颅，那就是翼王石达开。

1907年《民报》增刊《天讨》刊出苏曼殊的绘画《太平天国翼王夜啸图》。此图为其代表作，与《猎狐图》《陈元孝题奇石壁图》《岳鄂王游池州翠微亭图》《徐中山王莫愁湖泛舟图》并称『天讨五画』，均以历史上抗虏事迹为题材，寄托英雄救国希望。

他的"峥嵘之头"在成都四门悬首示众后，连同法律奏章经水路由嘉州、叙府到达重庆，据四川大学历史系教授伍仕谦1979年发表的《关于巴县档案》记载，石达开的首级到达重庆时，因为已经腐烂而埋葬。但我看到了现藏于四川省档案馆的一封官札，是位于四川东部边缘的理民府（设置在现重庆市城口县）于同治二年六月初填发的给巴县递解石达开首级的差役康林等人回县衙交差的"回销"，说明石达开的头颅尽管腐烂，但还在法律传递的继续运作之中。因天气继续炎热，头颅腐烂严重，进入湖北后，经请示后被丢弃。但令人不解的是，四川省档案馆收藏的档案里，还有一份璧山县知县给巴县知县的递解石达开首级的"移文"，就是交接手续，落款时间是同治二年六月初九日（1863年7月24日）。而巴县发出的递解石达开首级的官札落款时间是同治二年五月二十九日（1863年7月14日），璧山县、巴县均紧邻重庆府，距离东边的理民府远矣，难道这个非凡的头颅在川东巡游一趟，又送回来不成?! 我分析，还是官场文牍主义造成的龃龉。

时任大清"中国海关总税务司"的英国人赫德爵士（1835—1911）在《赫德日记》里，有许多涉及太平天国的战事笔记——

他注意到，在经历了特洛伊战争一样漫长的包围之后，中国南方的战事即将进入尾声。1863年7月27日他记录道："长期以来，一直转战于四川省和陕西省边境的太平军大将石达开被骆秉章所俘，并砍了头，今天方得此讯。"石达开6月27日被杀，消息至7月下旬才到达京师，在路途上竟然花费了一个多月时间！他认为这体现了"传递的重大军情政情何等之慢！"① 真实的情况是，信息是连同石达开的头颅一并上路的。这沉重的头颅，远不是赫德爵士在华倡导的电讯所能传达的了。"首级传示各地"

① 见《步入中国清廷仕途——赫德日记（1854—1863）》，中国海关出版社2003年1月第1版，美国凯瑟琳·F·布鲁纳、费正清、理查德·J·司马富等编，傅曾仁、刘壮宇、潘昌运、王联祖等译。

的指令随即得到了认真执行。官方用石灰腌过的石达开等人的首级在成都四门示众三天后，随同布告由锦江汇入岷江，经乐山、宜宾走长江到达重庆府，最后到达武昌，因天气炎热，已经腐烂发臭，只好就地处理。也就是说，石达开的头颅扔在了湖北。川江一线，对于石达开而言并不陌生——1862年春季，太平军就经过重庆府巴县各场镇，木洞、栋青庙、二圣场、永兴场、忠兴场、南彭场、一品场都在巴县西北部，靠近重庆市南岸区……如今，他的头颅环顾这一切，他像旱魃一样烘烤着这片陡峭的红壤。

在成都处决石达开以前，清廷最为担心的，在于捕获者是否石达开真身。骆秉章在上皇帝的奏章中一再解释说："石达开自供与洪秀全等自广西金田村起事即封伪王，及窜扰各省情形历历如绘，皆臣所素悉，语皆符合。且其枭桀之气，见诸眉宇，绝非寻常贼目等伦，实为石达开正身无疑。"即便如此，民间对翼王离开成都的传说却有很多，充分体现了石达开在民间的深孚程度。

悬挂在南京"瞻园"的翼王石达开像。（蒋蓝／翻拍）

晚清时节，汪诗侬所撰笔记《所闻录》褒贬清代人物，记载了一个轶事：

> 太平天国翼王石达开，被磔于成都，见诸骆秉璋奏报。其实石固未死也。数年前浙人李君游幕蜀中，一日雇舟往他处，将解缆矣，突有一老者请与附载，舟子固拒之。李君见其鹤发童颜，须眉甚伟，因许焉。老者既下舟，谓舟子曰："顷刻当有大风起，勿解缆也。"舟子亦老于事者，仰视太空，知所言不谬。谈次，狂飙陡作，走石飞沙，历一时许始息。少焉云散月明，命酒共酌，老者饮甚豪，酒半酣，推篷眺望，喟然曰："风月依然，而江山安在？"李心疑之，叩其姓名。老者慨然曰："世外人何必以真姓名告人，必欲实告，恐致骇怪耳。"李遂不敢再诘。而老者已酣然伏几，鼻息雷鸣矣。破晓，欠伸而起，谓李曰："老夫将行告别，同舟之谊，备荷高情，后如有缘，尚当再会。"遂举足登岸，其行如风，瞬焉已远。李既送客，比返舟，则一伞遗焉。防其复来携取，为之移置，则重不可举。异之，视伞柄，系坚铁铸成，旁有"羽翼王府"四小字，始恍然知为翼王也。茫茫天壤，今不知尚存在否耳。[①]

此传说流传于四川各地，版本甚多。另外则有冒名顶替的"石达开"故事广为流传。

这个所谓的假石达开是怎么回事？传说有很多版本，大体情况是：石达开收有一个义女，时人称为四姑娘，长得聪明伶俐，

---

① 载车吉心主编《中华野史》（清朝卷四），泰山出版社，2000 年第 1 版，第 3501 页。

掌管军机文书。也许是触景生情吧，到了出嫁年纪，她没有看中英武盖世的将军，也不选辅佐天朝的文臣，却看中了一个职位很低的姓马的文书。马文书对天国赤胆忠心，可惜文才武略都很寻常。群营上下为此议论纷纷，消息传到石达开那里，果然，他对这门"鲜花插牛粪"的婚姻也不以为然，四姑娘以哭相谏说："父王将来总会理解女儿的用意。"太平天国讲究男女平等，翼王不便过多干涉，四姑娘终于和马文书结了婚。

新婚燕尔，四姑娘对马体贴入微，关怀备至。当西征大军被陷大渡河边，石达开决定到清营议兵的千钧一发时刻，四姑娘在后帐问马文书说："父王待你如何？"马说："父王和小姐待我恩重如山。"四姑娘又问："天军被困河边，救部队之事大，还是保全你我性命事大？"马文书说："能救全军和父王免难，我万死不辞。"四姑娘就讲了楚汉相争时，汉将纪信替刘邦诈降遇害，争得时间，让刘邦带领汉军从荥阳突围的故事。马文书慨然表示要学纪信，愿替石达开赴营议兵求和。就这样，相貌和石达开相

1917 年，成都的一头石狮冷眼看风云变幻。（甘博／摄）

似的马文书，被清军装进囚笼，押解到成都的科甲巷。而真的石达开，却顿开枷锁走蛟龙，混在乱军中远走高飞了。

老百姓说石达开上当地的大洪山修道去了，最后无疾而终。石棉县的大洪山上曾有一座由百姓自发修建的祖师庙，据当地百姓相传，庙中那位耳阔口方的"祖师"颇有当年石达开的风范。

据说，后来还有一个特殊人物来到科甲巷，一边看地势一边念叨："总有一天，真石达开和四姑娘会带着太平军进成都，来科甲巷祭奠为国捐躯的那个石达开哩！"

成都一些本地学者以为，当年西南战事刚平息，流散太平军甚多，赴省城道路崎岖，清廷怕途中生变，便密令就地处决石达开。而押赴省城者乃与石达开貌似之替死鬼，当市处决，警示众民。这样的推论是站不住的——置身凌迟而不发一言且神不变，如果不是体内有铁的人，一个"替身"岂能做得到？！我们姑且不论石达开在受审过程里那掷地有声的证词。

死刑犯之血肉，民间往往不惜花重金予以购买治病，但石达开的遗骸格外特殊，由牛树梅、杨重雅安排心腹去秘密埋葬。成都民俗学者们推测，应该是被倾倒在锦江边的下莲池一带挖坑深埋，因为那里本来就是垃圾堆。所以，成都自然成为了石达开的坟茔。这个他梦想夺取的大城，如今却成为了温软的"来了就不想走的城市"。

民国二十三年刻本《民国华阳国志》记载说："治城内东隅。《荒书》言：'明末巡抚邵捷春因献贼之乱，北城外东岳神颇着灵异，因迎神下莲池，别为建庙。'今东岳庙是也。池旧种柳莳荷，清寂堂有《下莲池咏秋柳》诗云：'杨柳伤心树，逢秋自可怜。已经寒露日，尚指曲塘烟。暮色枝枝瘦，斜阳漠漠悬。不堪惆怅意，同感北征年。'二十年来，池渴树髡，无复知为昔时吟赏地矣。"①

有一天，我在下莲池一带寻找保留至今的小一段晚清城墙，那里除了还有一棵巨大的黄葛树外，应该说再没有"晚清孑遗"了。记得紫打地松林河边也有一棵让我难忘的黄葛树，浑身挂满红布，树龄应该在200岁以上，那纠结如虬龙的气根，莫非在为一个沉默的秘密而造像么？我不禁想起诗人波德莱尔的话："伟人的产生由不得国家。所以说，伟人是整个国家的胜者。"

① 成都市地方志编纂委员会、川大历史地理研究所整理《民国华阳县志》(下卷)，成都时代出版社2007年版，第684页。

大渡河河谷中的"黄彝"

在大渡河河谷中的石达开余部结局如何？

石达开的余部士兵中，老弱、伤员及新加入者 4000 多人被政府遣散，剩下的 2000 名精壮战士被调至汉源县后随即被杀。《骆文忠公奏稿》里提及"其偶有逸出者，亦被夷兵沿途截杀，唯遣散老病者数百人，此股巨匪实已剿洗净尽"。尽管深文周纳的骆秉章多次名实不副，但此话是实话。2007 年的《四川日报》就刊发了《大凉山：太平军后裔探秘》的长篇纪实文章，指出位于乌斯河、金口河一带的高山上，生活着太平军的后代。证实了当地留有不少太平军后裔的事实，而且其中"相当数量的人在漫长的生活和特殊的环境影响下，已成族"。1990 年 5 月付印的《甘洛文史》第九期，更是发表了《太平天国石达开部在海棠》的文章，保存至今的"叁棺"中还埋着一家人的先祖苗氏，她就是一名从安顺场紫打地逃出来的太平军女兵，她身带巨金，落户后修筑了一个大院，生活到直至老年去世。我曾在《四川日报》上读到《太平军兵器首现雅安》的报道，称家住在石棉县安顺场"海拔 1000 多米的松岗山上的王恩云，向当地从事文史研究工作的同志透露了他家保存有翼王军留下的兵器。原来，他的祖婆周氏是当年翼王军在安顺场血战中死里逃生的一名女战士。她带着战刀、药枪和梭镖三件兵器爬上了松岗山，被家住在山上的王永富收留。"① 这些事迹，也可以佐证石达开部直到兵败也存在女营编制。这恰是史学界至今未研究的问题。

西南民族大学彝学院院长罗庆春教授专门告诉我，至今在石棉县陡峭深切的大渡河河谷里，有一支已经"彝化"的部落，种包谷、土豆为生，他们对外宣称自己就是太平天国"长毛"的后裔。这个铁的事实，就让"石达开在大渡河畔斩杀了二百名彝族向导、以致失去少数民族群众的支持、自蹈绝地"的民间传闻，似乎不攻自破。不然的话，这些老弱者如何可能在仇敌四伏的大渡河河谷生存下来呢?!

史式教授在《论石达开史事七题》一文里，内有《石达开舍命全军确已全活四千人》一节，非常清楚地勾勒了情况：

……

长期以来，人们都轻易地相信了这样一种说法，即在石达开就义以前，他的部下已被斩尽杀绝，他的舍命全军全无效果。由此证明：对敌人绝不能抱幻想，不能受骗上当，应该抵抗到底，放下武器来谈判是错误的，最后还是会死在敌人的屠刀之下。许多同志忙于争论功过是非，却很少有人去考查一下石达开部下的结局究竟如何。而笔者认为，考查一下历史事实还是有必要的。如果连事实也弄不清楚就遽下定论，不免有空谈之嫌。

---

① 见《四川日报》2000 年 9 月 1 日。

认为石达开部下已被斩尽杀绝是有史料根据的，这些史料就是清廷的官方文件。例如：骆秉章在处死石达开后所公开张贴的布告中说："尚有伪官与悍贼二千余名皆在大树堡，派兵悉数诛戮。"黄彭年《代刘蓉致骆秉章禀稿》中说，"尚有一千余人住对河街上……都司唐大有会同参将张福胜，土千户岭承高（恩）等督带汉夷兵勇，会合乡团，于初五夜四更分头兜捕，除老弱外，均皆歼除净尽。"黄彭年《黎雅纪行》中说："得蔡太守牍，石逆余党悉诛矣！"对于清方军报，我们绝对不可轻信。因为他们为了邀功或者诿过，常有夸大不实之词。例如薛福成早就在《书巨寇石达开就擒事》一文中揭破骆秉章的谎言："按达开初到大渡河边，北岸实尚无官兵，而骆文忠公奏疏谓唐友耕一军已驻北岸，似为将士请奖张本，不得不声明防河得力，因稍移数日以迁就之。当时外省军报大都如此，亦疆吏与将帅不得已之办法也。"像这样"大都"不可靠之军报，岂能信以为真！

石达开的"翼王贡章"。

240

我们先考查一下史实。1863年6月9日，石达开因抢渡大渡河、松林河无望，率残部六千余人向东突围，当晚在小水一带村庄宿营。次晚到达利碛堡，追兵尾随而至。因老鸦漩涨水，前无去路，后有追兵，石达开准备背水一战，妻妾投河。为了死里求生，他们有诈降以图再起的打算，清军方面也有设计诱擒的阴谋。经清方都司王松林前来谈判，双方议定，在六千残部中先遣散四千人，各给川资回籍；尚余精锐二千，不剿军械，移驻大树堡，听候清廷旨意再作决定。6月12日，四千人遣散完毕。这些被遣散的人，当然已缴军械。但是石达开部下还有精锐二千人未缴军器。黄彭年《黎雅纪行》中已记其事："询知大树堡尚有二千余人未缴军器，其伪周宰辅领之。"这未缴军器的二千人显然是已遣散的四千人能够安全离开的保证。也就是说，在六千残众中，已遣散的四千人是安全离开了的。对于此事，骆秉章在《生擒石逆疏》中已有交代：即"讯明新被裹挟及老弱者，发给路票，遣散四千余人"。

石达开受骗被俘后，移驻大树堡的未缴军器的精锐二千人确被清方围攻。据清方军报，他们已被斩尽杀绝。但据当地群众口碑，突围逃跑者不少。其中大部分被彝族奴隶主掳为"娃子"（奴隶），小部分远走高飞，甚至有逃回江南的。

总之，石达开残部六千人中，至少已有四千人安全离开。即或离开后还有被截杀的情况，那也只是少数人的遭遇，大多数人都已脱险。至于剩下的精锐二千人，只是一部分最多是大部分被杀，总还有一些人突围逃跑。因此，两相折抵，可以说石达开的舍命全军已有效果——保留了残部四千人的性命，而不是白白送死。

大渡河河谷中的"黄彝"

四千残部的下落如何，我们还可以跟踪了解。据《四川彝族地区近现代史调查资料选集》中《太平军经过四川彝族地区资料》一章记载，根据有关部门的调查，与当地广大群众的口碑，我们已经了解到，太平军后裔现在有数千人分布在石棉、甘洛、越嶲等县的广大地区。他们被当地人称为"黄夷"（应为彝）。在彝族实行奴隶制时代，贵族（奴隶主）被称为"黑彝"，奴隶被称为"娃子"，经过多年劳动被解放了的"娃子"则称为"白彝"，原无"黄彝"之称。"黄彝"这一称呼，正是用来指太平军后裔的。彝族地区地广人稀，山高谷深，搬迁的情况很少，因此，哪一家是"长毛根根"，左邻右舍都能确指，我们的调查材料自比骆秉章的奏疏、清方的军报更为可靠。因此，可以说石达开的舍命全军并非完全白死，确已全活了四千人左右。①

前不久我翻查旧籍，在叙永县编史修志委员会于 1983 年 7 月编印的《叙永文钞》里，收录有晚清叙永文人于宣《邹鲁生传》一文，就提到这个自称叫邹鲁生的"身修伟，面部有瘢痕，目光炯炯如电，一望而知其翘异"的人物，显然是太平军石达开部散落在民间的志士。并特意提及在叙永县的不少地方，就藏匿着来自翼王身边的通晓天机变易的高人。

另外，根据我的同事、成都人文地理学者焦虎三的田野考察，尔苏藏族群落里也有太平军后裔。

尔苏语主要分布在凉山的甘洛、越嶲、冕宁、木里，还有雅安地区的石棉、汉源，以及甘孜藏族自治州的九龙等县，人口约

---

① 见史式主编《石达开新论》论文集，团结出版社 1989 年 12 月版，第 63—65 页。

有二万。尔苏人过去有两种等级，原是尔苏血统的称"撒"——主人，其他民族投靠或买来的奴隶称"巫儿"，"巫儿"都以主子的姓为己姓。石达开兵败大渡河后，有许多的太平天国士兵流落民间，一部分进入尔苏人聚居区为奴，被称作"车莫"，从读音相近于"长毛"。如今甘洛县即有姓"车莫"的人，其家谱记载祖先来自南京。石达开自天京出走后，最后几年已停止了"礼拜上帝"的活动，但石达开原先所部的数万人，加上他的部将石镇吉的余部后来会合入本军的上万人，他当时全军人数有三分之一是曾经接受过拜上帝会信仰的。2000 年，学者巫达提出的"太平军在甘洛附近兵败溃散后，留在甘洛的太平军士兵把基督教中上帝用泥捏出人类的故事留给了彝族"的推想显得较为合理。①

　　1949 年新中国成立后，尔苏人的等级制度消失了，那些"长毛"彻底融入了尔苏人的血脉。

大渡河河谷中的『黄彝』

---

　　① 见《社会变迁与文化认同：凉山彝族的个案研究》第四章，学林出版社 2008 年 8 月版。

关于"陈没"姓氏的来历

历史总是疏而不漏的。在贵州省余庆县一个叫石家洞的地方，位于乌江南岸的花山乡境内。这些洞口在悬崖绝壁之半山腰上，地势险要，易守难攻，8个洞口洞洞相连。要进洞很不容易，一要乘船过江，二要穿越200米荆棘丛，三要用长梯或吊绳攀爬一段约10米高的绝壁。据传为太平天国军避险处，洞内能容上千人，主洞口内有一尺见方的"太平天国，天下太平"大字，此外还有小字、古诗词若干。正洞口有木盆，灶头、瓦罐等物；洞左侧还有数十平方米的大厅，厅中有一身多头佛像，三足鼎立的宝塔，玉砌琼雕般的宝座……洞中的石壁上刻有"险甲天下""天险"等字样。当地大部分人都姓石，自称是石达开的后代。他们人人习武，户户藏兵（器），为人开明大度，崇尚文化。奇特的是，百年以上的老坟一律立的是无字碑。家谱中记载家族第一、二代的女性多为云南、四川人士。据说附近还隐居过石达开的贴身卫士，这与石达开"托孤"两名卫士护送刘王娘与石定基攀登绝壁脱险的故事颇有暗合之处。那就是说，石定基逃过了劫难，活了下来。

这绝非传说。

1999 年 9 月，四川美术出版社推出了一部奇书《中华姓氏书法大辞典》。这部奇书出自四川遂宁市档案馆陈历甫先生之手，本书收集了 1.6 万个中华姓氏，字数达 220 万字，他孜孜以求 50 多年方大功告成。陈历甫先生在书里指出，复姓"陈没"就是太平天国翼王石达开的后裔。

石达开在西昌整编了一次军队，部分老弱、女性、家属等散落民间；石达开被俘之后，在紫打地剩下的数千名士兵，最后被骆秉章遣散。他们并没有返回各自的故乡，而是保护着石达开剩下的妻妾、孩子进入了巴山峻岭，并生存下来。考据石达开一族，是在唐朝初期有石氏族人自河南固始随陈政、陈元光父子入闽开漳并落籍，石琚自安徽寿县徙居福建同安，其后散居闽粤各地。石达开一族出自闽地石氏一脉。在唐朝初期，有石氏族人于唐高宗李治总章二年（公元 669 年）自河南固始随唐朝右鹰扬卫率府怀化大将军陈政、陈元光父子入闽开漳立州并落籍。又有石琚（号正庵，唐朝右丞相，公元 892～941 年）在退职后，自安徽寿县徙居同安（今福建厦门同安），其后裔子孙繁衍旺盛，散居于闽、粤各地，石琚就是石达开一族的始祖。因此，躲入巴山一带（今在重庆区域内）的石达开的另两幼子（实名待考），取开闽先驱陈政、陈元光父子的名头，再取先父石达开殁于成都之谐音"没"，合为复姓"陈没"，成为"陈没氏"一族，世代相传。如今在四川遂宁、雅安、乐山以及重庆等地均有少量分布。直到民国中期，人们才逐渐知道陈没氏的曲折来由。

毫无疑问，这是中国 2000 多年历史中，唯一一个纪念农民起义的姓氏。

"陈没"读作 chén mò，不可读作 chén méi。

陈没——沉没——沉默。

历史从来没有沉没。

历史从来没有沉默。

历史铭记了陈没的姓氏。

这一姓氏的族群，与那些生活在乌斯河河谷当中的"黄彝"一道，构成了一道防止失忆的堤坝。汉源县、石棉县"长毛"后裔众多，他们绝大多数是"插户"而来，入乡随俗，村子里姓什么为多，就改姓什么。当然，陈姓人也多，会不会是省略复姓"陈没"而为"陈"，尚待进一步考察。

飞鸟从天空遁迹，但浸透了热血与骨髓的语言，却仍在大地流传。

石敢当的隐喻

关于"石敢当"的记载，最早见于西汉史游的《急就章》："师猛虎，石敢当，所不侵，龙未央。"颜师古注："卫有石蜡、石买、石恶，郑有石制，皆为石氏；周有石速，齐有石之纷如，其后以命族。敢当，所向无敌也。"颜氏认为，"石"是姓氏，"敢当"为所向无敌之意。陶宗仪《南村辍耕录》卷十七"石敢当"条中，引用了史游的《急就章》及颜氏注，完全同意颜氏的说法。

另一种说法：认为石敢当是五代汉时的勇士。石敢当生平逢凶化吉，御侮防危。故后人凡桥路冲要之处，必以石刻其志，书其姓字，以捍居民。

第三种说法，是把"泰山石敢当"说成是"大夫"（即医生），可以降妖镇邪。

第四种说法，来自宋代莆田县兴化军衙内出土的唐大历五年（770年）的石敢当刻石。石头上刻有"镇百鬼，压灾殃，官吏福，百姓康，风教盛，礼乐昌"文字，可以看出当时石敢当的作用。

太平天国翼王石达开"石敢当"的名声，早已经蜚声中原大地。

历史充满了隐喻。没有隐喻就没有历史。在我看来，当隐喻里带有来自传统的、历史的、渊薮中的反光时，反光俨然已经成为了环绕喻体的松枝和向日葵，使本体成为了圣体，从而使隐喻成为了讽喻。

石达开被杀当天为公历 6 月 27 日。经清咸丰皇帝批准，恭亲王奕䜣与法国政府签署附加协议，正式确认广州圣心大教堂的建立。咸丰帝下诏："从现在起战争必须永远停止，必须永远真诚地保卫和平。"可见，圣心大教堂也就成了和平的象征。第二天，1863 年 6 月 28 日是天主教圣心瞻礼日，教堂正式举行奠基典礼，命名为圣心大教堂。

此时，石达开等 4 个人的膏血已经融进成都平原的沃土了……

"凌迟"一词首见于《荀子·宥坐》："百仞之山，任负车登焉，何则？陵迟故。"到辽代始定为正刑，

古代泰山石敢当。

一直沿袭到清末。到光绪三十一年（1905 年），经晚清法学界最有名的学者沈家本奏请，颁布《大清现行律例》后才下令将凌迟、枭首、戮尸等法"永远删除，具改斩决"。后死刑分绞、斩两种，而且各种名目的酷刑远未禁绝。毫无疑问，凌迟是超级专

制主义罪与罚合唱中的高音部，但不绝如缕的凌迟仪式，从来就没有达到杀一儆百、制造恐怖、消解反抗、禁锢言论的目的。这无论如何是让发明者深感困惑的。不同的制度在近世发明出来的"思想罪""反革命罪"之类，也许属于福柯的研究谱系范畴，但是可以肯定，这些针对人心的罪名，高歌猛进的制度同样采取的是制造大面积身体之痛的古老方式为主要惩罚手段之余，再旁及灵魂的。

2008年10月的一天下午，我站在安顺场的大渡河畔，水流为上游的大岗山水电工程的大堤所阻，白色咆哮的水沫化为了一泓深碧，宛如碧血。我突然感到一种面对历史的虚无与脱力。

在有关石达开的各种评价中，最著名的当属英国伦敦基督教浸礼会于1860年派遣来华的医药传教士、政治观察家麦高文牧师（Daniel Jerome Macgowan，1835—1922）撰写的通讯中的一段评语：

"在残存的首领中，除翼王石达开外，其余状况几乎一无所闻。这位年轻领袖，作为目前太平军的中坚人物，各种报道都把他描述成为英雄侠义——勇猛无畏，正直耿介，无可非议，可以说是太平军中的培雅德（培雅德是法国著名将领和民族英雄，他率军抵御西班牙殖民主义者的大军入侵，勇猛无畏地捍卫了祖国的疆土）。他的性情温和，赢得万众的爱戴，即使那位采取颇不友好态度的《金陵庶谈》的作者（作者按：指谢介鹤的《金陵癸甲庶谈》），也承认这一点。惟该作者为了抵消上述赞扬所造成的美好印象，故意贬低他的胆略。正如翼王其他清朝官方人士以及向我们口述其经历的外国水手所声称的，翼王在太平军中的声望，驳斥了这种蓄意贬低等说法。不容置疑，他那意味深长的'电师'的头衔，正表示他在军事上的雄才大略和性格。他是一个有教养的人，一个敢作敢为的人，这可以从他曾经继承相当巨大的家产推想出来。在他们的集团尚未呈现出政治色彩以前，他就倾其所有，把全部家产投入紫荆山那遭受迫害的拜上帝会——这正是他献身革命时抱有的真心诚意的明证。"①

值得一提的是，当时欧洲人布列治门（Bridgman）和麦高文根据一位自称是此事件目击者爱尔兰人肯能（Canny）的口述，分别写了《太平天国东北两王内讧纪实》和《太平天国东王北王内讧详记》。麦高文当时在宁波传教、行医，1843年在宁波创办华美医院，也就是现在的宁波市第二人民医院。他在宁波用一种土法给烟民进行治疗，疗救苍生。后来由于就鸦片问题发表过一些意见，得罪了英国鸦片商，他们立即拒绝为麦氏传递任何信件及给予接济，麦氏无法，只好黯然回国。他还翻译了不少汉英著作，曾与华衡芳合作，翻译出版了英国地质学家莱伊尔（C. Lyell）的《地质学原理》，冠名《地学浅释》，他为中国人开启民智作出了巨大贡献。

清末，徽州戏帮就排练了与石达开有关的一部多本大戏《铁公鸡》。当时民间讹传石达开绰号"铁公鸡"，其实，这指的是其族兄石祥祯，用来编剧，可见其影响之深。美国政治观察家麦高文在同一篇文章里，特意提到了"铁公鸡"的牺牲情况。封为

---

① 首次发表在1857年5月9日上海刊行第一家英文"官方报纸"《华北先驱周报》【又名《先锋报》】，总352期。后收入《东北王内讧始末——中国起义史稿连载之十七（节选）》。翻译为章克生。

"国宗"的哥哥石祥祯、石镇仑均是太平天国著名的虎将。石祥祯在天京郊外生擒清军第一悍将、叛徒张国梁后，被张国梁从马背上抽出靴筒里的匕首刺杀；石镇仑则在湖北半壁山的一场鏖战中战死。这让我猛然想起，石达开的外号就叫"石敢当"，这比起曾经加冕于身的"圣神电""电师""义王"之类来，要贴切得多。陶宗仪在《南村辍耕录》中记载："今人家正门适当巷陌桥道之冲，则立一小石将军，或植一小石碑，镌其上曰石敢当，以厌禳之。"石达开与其说是被一个暴虐的制度置于了凶地，不如说，他成为了两把交锋的利器之间，在中国的道路正中，用自己的骨头，啃下了一块碎片……

无论是"铁公鸡"还是"石敢当"，他们的血肉之躯从来就不是历史车轮下的齑粉。他们令权力趔趄，发出散架之声。

我再说一遍：凡有良知的人必须记住的时空点位——

公元 1863 年 6 月 27 日上午——太平天国癸开十三年五月十五日——清同治二年五月十二日。

参与凌迟石达开的官员——完颜崇实、骆秉章、唐友耕、杨重雅、刘蓉、朱治孙、许培身、周之翰……

凌迟的地点——四川省提刑按察使司监狱的三合土坝子上。作家李劼人的说法是石达开被"捆绑在绿呢四人官轿中，抬到科甲巷口四大监门前"，即稍后建立的成都"市立医院"（成都市第一人民医院门诊部）所在地。

成都庆云街与石定忠的结局

　　20 世纪 20 年代，对石达开诗作宣传最为出力的是诗人、词学大家卢前（冀野）。他在《石达开西行记程》里记叙说，自 20 岁左右的时候，曾写过一篇相当长的《石达开传》，附载在自己于 1927 年编辑的《石达开诗钞》一书当中①。1949 年以后他写有反映太平天国的小说《天京录》，并在《柴室小品》《冶城话旧》当中数次提及石达开的话题。卢前毕竟是深淫传统文化膏泽，加之受到戊戌变法失败和"儒侠"谭嗣同就义的余风所及，他凄凉感旧，慷慨生哀，对石达开的诗作赞叹备至。1927 年，他特作《读翼王诗有感二首》，与其说是在咏叹石达开，不如说是利用这一个反叛体制的头颅，装入了自己的酒与血：

　　　　铁蹄踏坡石城月，赢得红巾遮黑头；

　　　　七字吟诗人苦未，依然赢马巴陵秋。

---

　　① 泰东图书局 1927 年初版，1929 年再版，此诗钞为伪诗。卢前于 1934 年再编《太平天国文艺三种》，由会文堂书局出版，内第二种为石达开伪诗，共计 27 首。

如许头颅空自惜，西川人过泪双垂；

至今峨嵋离岭树，犹是猿啼月落时。

除了卢前，沃邱仲子费行简父亲的回忆弥足珍贵。他记载了一个历史碎片，对我们认识石达开到达成都后态度由不卑不亢突变为强硬大有帮助。

在四川省城臬台监狱，唐友耕不但亲自安排了看守人员，连为石达开一行操作一日两餐的厨师也是他挑选的。这听起来似乎有点夸张，不合法律程序，但这些均是沃邱仲子的父亲亲眼所见，不能不信。初次审讯时，石达开还对骆秉章口称"宫保"，透着尊敬。但接下来他就变味了。

在第二次由杨重雅、唐友耕代理骆秉章审讯时，石达开的双眼精光大炽："骆宫保说本朝从不杀降，今竟如何？会造反的人很多，不一定要我石达开！"

因为石达开终于得知大树堡几千兄弟被一夜屠杀的消息！

消灭敌人，并不意味着就可以杀降。中国古人认为"祸莫大于杀已降"。杀降者，必遭天遣！但罄竹难书的古代"杀降血史"，却又是家常便饭。同治二年（1863 年）十月二十四日，苏州城内太平军守将郜永宽、汪安钧、周文嘉、伍贵文、张大洲、汪有为、范起发、汪怀武 8 人刺杀主将慕王谭绍光，第二天向城外淮军投降，苏州城被清军收复。仅仅又过了一天，就发生了苏州杀降事件，已投降的八王被斩尽杀绝，同时淮军又在城内杀死投降的太平军 8000 多人，制造了一起杀降惨案。但西方人对此是鄙视的。同治元年冬天，英国参赞威妥玛就曾致函清廷，对洋枪队在上海附近杀降2000多人进行规劝，指出不该滥杀投降者，此举只会导致民心向背。

石达开愤怒不已，却又无处发力，进而心灰意冷。

民国二十六年，景钟书局印行钱书侯编纂的《石达开全集》一册，印有石达开肖像，像一个江湖郎中，这自然是一幅文人的"想象图"。

沃邱仲子的记录，为我们揭开了这个谜底。

走漏消息的是按察使署的狱卒张守铭（江宁人，因为爱酒，成都人称之为"张癫"）。张某曾经私下说，太平军在南京不事劫掠，远胜湘军，他尤其不忍见石达开被处死。他利用间隙，把大树堡的屠杀情况告诉了石达开，这一消息冰炭相继，使得石达开心性大变。这也显示了唐友耕等人的百虑一失，狱卒张守铭就像一个烂钉子，让他们盘算好的一桶水白白漏走。狱卒张某立即被制度清除出列，并问罪。

沃邱仲子对此人给予很高评价，他见过张守铭，许为奇士。并说"当日政界中能为此语者，仅见此人而已"。

1863年6月27日清晨，石达开吃过早饭，走到熟睡的石定忠身边，俯下身子说："定忠，不要怕，很快便能再见到父王了。"说罢毅然起身，昂首而出！他去赴诺了。

石达开托唐友耕办的最后一件事，就是把儿子石定忠与自己安葬在一起。他知道，自大树堡屠杀后，事情的结局都很清楚了。他对唐友耕说："我盼望的就是这一天，而今如愿了。论打仗你我是仇敌，论朋友则不异于兄弟。前回你们收去的文件，要毁则毁，可留者留，留着后人当《列国》《三国》看，也可以知道我多少事迹。定忠自然没有活路，望你将他与我葬于一处。"

唐友耕答应了。当时石达开不知道的是，等待他的是凌迟。

那么，5岁的石定忠是怎么"办理"的呢？晚清四大小说家之一的李伯元有遗稿《南亭笔记》，以及近代词人况周颐的《眉庐丛话》，均记载了大同小异的一条涉及成都的掌故：《鸩杀石达开之子》：

"骆文忠公秉章，粤之花县人。石达开就戮时，殷殷以幼子相托。文忠以与同乡许之，养其幼子于署，将冠矣。文忠一日试之曰：'汝已成人矣，将以何者为自立计耶？'石子大言曰：'我惟为父报仇耳。'文忠大骇，阴使人鸩之。呜呼！父子天性，乃一至于此哉！"[1]

在我看来，这不但是鬼话，而且是响亮的屁话。仅仅几年之后，骆秉章就老死于成都，怎么可能把"孽种"抚养成人？这分明是在褒扬骆秉章的仁义及石定忠的忠义。

费行简在他回忆与乃父费秉寅谈话而写成的《石达开在川陷敌及其被害的事实》一文里记载说：骆秉章在审问石达开时，曾提及石定忠："现你带来之幼子，听说很聪明，你尽管放心，我决不准谁加害。"这番对话的真假很难说，但文章里有两段记载最让我心颤——

翼王就义之后，"定忠自不见其父，日夜啼哭，由杨重雅建议，以布包石灰堵口鼻压毙之。未毙前禁卒谢福以实告之。他问：'我死可见父乎？'谢说：'正好见于天上'。他遂破涕为笑。"

"归安孙古春丈曾贻书重雅曰：'此稚子何辜，亦雁至死！君诚儒者，奈何慕屠伯所为耶！'杨则诿为唐友耕向骆所献策，后为唐所知，两人在官厅大骂，几乎动武。"

听到可以与父亲相聚"遂破涕为笑"的小孩子，自然是真实的。无论是相见于"天上"，还是"地下"，他甚至明白了死亡就

---

① 李伯元《南亭笔记》卷四。

是过一个门槛，可以见到爸爸了。我从历史文献里，打捞出这个名叫"谢福"的狱卒，心里反而升起了一丝奇怪的宽慰——若不是他良心发现的实话相告，那5岁的娃娃怎么会讲出这般话?!而且不是他出来告诉了别人——这个让我大恸的场景，就无法出现在历史文献当中。

临死之际，石定忠指着所佩玉牌高声对刽子手们说："此乃我生日天王送的，你们不要拿去。"但，谁会听一个死人的哀求?!

沃邱仲子又一次记录了一个"反官场"的声音，那就是孙古春昂然指责杨重雅的"屠伯"之举。这让我们发现，在铁板一块的晚清官场，竟然也还有一丝裂纹，发出了良知的微声。

对骆秉章手下而言，杀害5岁的石定忠，谁来背这个不义的名声? 四川按察使、巍巍"儒者"杨重雅必须忍辱负重担此重任。准确点说，杨重雅就是"臬台"监狱的总老板。王闿运《湘军志》里记载了这个反复之人的情状："秉章初至夔，逢曾望颜诉布政使副将状而泣，亦颇言将军短。杨重雅以署成都府事致累望颜，身亦被谤忌，出知顺庆，罢官，倾心奉秉章。"[1] 杀害5岁娃娃的计策出自这样的"大儒"，完全合理。值得一提的是，杨重雅后来因逼反武将李扬而被免去广西巡抚一职，他准备把大量不义之财带回老家江西德兴梅溪村。但金银太多，路途遥远而危险。就在一家踌躇之际，杨重雅的老母修书一封，嘱他须过半个时辰方能拆看，言毕吞金而亡。杨重雅拆开母亲的信，方知母亲的良苦用心。他率领家人扶母亲灵柩回乡，使用了9口棺材，藏在8口棺材里的金银珠宝被当成随葬品混过了重重关卡。

---

[1] 《湘军志》，第140页。

铁公鸡走马灯。展示太平天国将领的图像。

面对官场"击鼓传花"的游戏，唐友耕绝对不能接受杨重雅强行赠与的"屠伯"帽子，毕竟他的血色"帽顶"已经太多了。他要把这个桂冠回掷过去。为此，他找"罪魁祸首"杨重雅理论，几句不合，立即开骂，一个从二品大员和一个三品大员，就要在官厅里动手！这也是我在史料里，见到的唐友耕与官员唯一的一次矛盾爆发。

当时就有士人评论称："同属汉奸，谁是谁非可以不论。但当时物议之尚有公道，虽小人亦自知所作之可耻。谓之人心不死可也。"在处理这件事情的过程中，充分暴露出杨重雅残忍、狠毒的本质。

徐士林（1684—1741年）为官30年，出任过江苏巡抚，他正直忠厚，敢作敢为，临政不阿，他为官的宗旨是"善政养民"，曾在江苏臬台门前手撰一联，成为"内外问刑衙门"者的座右铭："看阶前草绿苔青，无非生意；听墙外鸦啼鹊噪，恐有冤魂。"如果用此看待杨重雅，就发现无论是出于刑法还是为了国家、人伦，他是非常丑陋的。

具有反讽意味的是，杨重雅写过一首怀张良的诗《过紫柏山谒留侯祠》："出处犹龙不可思，神仙弟子帝王师。那知阅历深沈处，都在长安大索时。圯桥进履气恬然，胯下王孙事亦传。一作神仙一功狗，论人须到盖棺年。"当棺材板板已经烂得荡然无存之后，我发现，他至多就是一条"功狗"，汪汪汪，历史的可叹，恰在于斯。

石定忠被官府缢杀，台湾学者黄嘉漠认为"诚以当时主持香港《华字日报》及《广智录》笔政的人，原为粤籍人士，既该属同乡，对于骆秉章的平生宦绩及行事，当必耳熟能解；且其记述发表日期，距离事故发生的时间不过 30 余年，以熟悉的争论撰述成文，应属扼要确实。复与前引柴氏记述参照，尤信而有征。"① 著名学者盛巽昌撰文认为，黄嘉漠先生的意见是针对抗日战争以来所流行的石定忠"为官"说②。而"为官"说流传甚广，于崇仰石达开为人者，更有殷切所望。盖其源始于历史学家任乃强。

任乃强称，这个消息得自西康省政府民政督察员乐凤鸣口碑，乐某乃石定忠晚年相好云云。任乃强称："石王子定忠，以齿稚免役，不知何故，其人竟未死，改姓名曰时雨化，入绵州州学。光绪丁酉，与邛州龚秉衡玉帛同拔，又同分发贵州作知县，甚相得，尝密告龚，实翼王子也"。③ 1922 年刊布的《邛崃县志》亦有"有云石子至今尚存，改姓为时，颇善书画，未知确否?"④ 盛巽昌认为，旧时文人多喜捕风捉影，且因道路闭塞，戴盆观天，多以道听途说之录为实。黄嘉漠先生考证，所谓时雨化者，乃是"从《绵州县志》找到一个时守忠，有意影射为时雨化，以时守忠事迹为其蓝本，牵强附会，从而虚构所谓时雨化其人其事。"此谓至言。另据沃丘仲子说，石定忠仅死于其父后数日。谓称石达开被送上刑场前，石达开对唐友耕说，"定忠自然没有活路，望你将他与我葬于一处。" 又称"定忠不见其父，日夜啼哭，杨重雅建议，以布包石灰堵口鼻压毙之，未毙前禁卒谢福以

① 《中国近代现代史论集》第三编：《太平天围》，台湾商务印书馆 1965 年 8 月初版。

② 已为简又文刊记于《太平天国全史》。

③ 《纪石达开被擒就死事》，见西康省《康导月刊》1943 年第五卷，第七、八期。

④ 《咸同防守记》。

实告之。他问：'我死可见父乎？'谢说：'正好见于天上。'他遂破涕为笑。被害时顷刻即死，死后闻葬于庆云庵旁，但亦不能确指其处。"①

我所在的成都日报报业集团东后门就在庆云街。此地因曾有庆云庵，庵外有一口大水塘叫庆云塘。据载，早年的庆云塘接通解玉溪，活水自桂王桥逶迤而来，蓄水量相当大。庵废已久，塘畔有塘坎街，今亦不存。庆云街南端临十字口。左拐是双凤桥街，通向著名的东较场。右拐是贵州馆街，通向三槐树街。直走过十字口便是庆云北街与庆云南街。查1948年测绘的《成都市街道详图》，可以清晰发现庆云庵就在塘坎路以西，这条路如今是成都日报报业集团面朝红星路一侧的临街走廊。而庆云塘正在报业集团大楼之后的"新闻广场"位置。那里拆得仅剩一面庙宇的黑墙，还有一棵参天银杏。我再没有进一步证据了，但我相信唐友耕把石定忠埋在庆云庵！

一个深秋的黄昏，我匆匆从报社那棵大银杏树下走过，我踩响了金箔般的杏叶，发出裂帛之声……

---

① 《关于石达开幼子石定忠的下落》，刊四川省文史馆《文史杂志》1992年第5期。

城隍庙还愿

　　唐友耕收功紫打地的巨大效应，极大地震动了朝野，他的家乡大关县更是为之沸腾。建立如此"不世之功"，文人墨客挥毫泼墨，高声赞美，勒石为记。大关县文人黄琮，为此写了一首五言长诗《大渡河》，特别注明"时川督骆秉章派唐提军将到此"：

　　　　大渡与岷江，溯源自铁豹。
　　　　分支西南流，狭窄不容蚬。
　　　　雷马到越嶲，两岩峙奇峭。
　　　　盛夏雨新涨，中流势益剽。
　　　　正如黑齿夷，赋性逞桀骜。
　　　　有宋鉴唐祸，玉斧划边徼。
　　　　讵知万里城，得人仗万召。
　　　　不见韦与高，咸积砦蕃诏。
　　　　往事等劫灰，临流觅孤棹。
　　　　遑计乘船危，急思彼岸到。

凉山近野夷，三窟据幽奥。

伺隙多含沙，下令孰减灶。

海水捧浇荥，风中望来蠢。

　　诗里涉及古蜀的典故甚多，大渡河、岷江、雷波、马边、越嶲、凉山、黑夷等等，充满"地方性知识"，岷山在成都府茂州西北 500 里，那里的地名叫列鹅村，一名铁豹岭，一名沃焦山；再比如唐时韦皋镇蜀与修建成都"罗城"的高骈，显然将唐友耕的武功与这两人功绩做了比附。但诗作委实不佳，而且好像没有写完。我想，唐友耕看到这样的颂歌，一定手捋胡须微笑不已，会慷慨打赏润笔费。

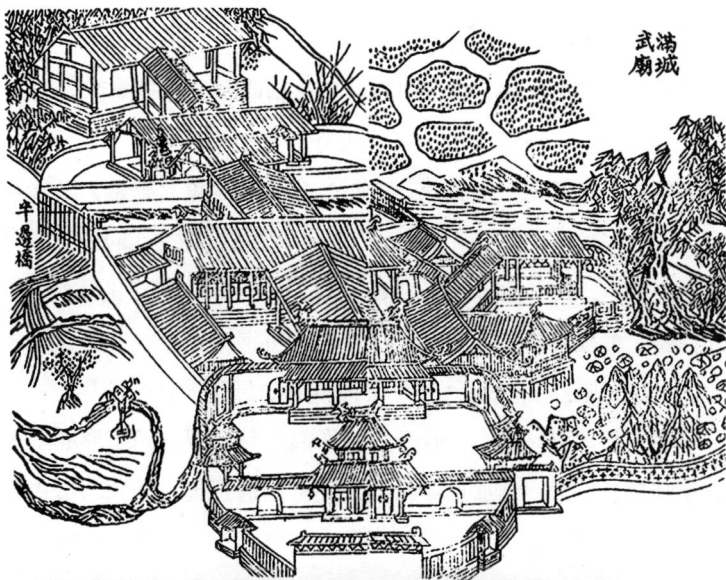

清代成都武庙。

在我看来，往伤口撒盐不过是小人之举，即便是一帮屠夫下令对石达开三人一边行刑一边撒石灰。而那种从对手创伤里抠出官帽顶珠的角色，方才是辣手。

文人周询和父亲周侪亮与唐友耕有近距离接触，唐友耕对文官具有一种超乎寻常的恭敬与崇拜，但他不过是连续宴请与送礼、聆听自己生疏的稗官野史。这并不能遮掩自己的底层胎记，尤其是无法自控的那种四溢的煞气。他差一点儿就成为了周询的岳父大人。当年周询风华正茂，才华出众，仕途无限，加上是贵州麻江人，与自己的祖籍大关县差不多，唐友耕一厢情愿看好这门婚事。周询后来描绘了唐友耕的特点："公在行间久，视杀人为寻常事。贵后，多姬妾。有不如意，辄手刃之，且有活埋者。"如此"屠伯"，竟然也不愿意背上坏名声，从深处说，唐友耕是很看重面子的。

因为这样的原因，唐友耕自然喜欢制造面子的"儒者"！

周询指出："公素重文士，先太守（周侪亮）负善书名，公以索书与先太守相识。交寝笃。余时八岁，公欲重之婚姻，以女字余。先太守终以齐大非耦为嫌，乃托子女太稚，谢之。时云贵两省尚合一会馆，某岁春初团拜，余随先太守往观剧，得亲见公，面团团白皙，黄须落落，劲而有光。风鉴家所谓银面金须，武人贵相也。项之左偏，在涪所受伤痕，炯然可辨，凹下约分许。"①

唐友耕浑身是伤。他脖子上的伤痕尤其显眼。疤癍形成了一种意味深长的表达。那是穿越刀光剑影的通行证，是武功与才智直接作用于身体的一招一式。凹下去一块的伤痕对面容构成的扭

---

① 《芙蓉话旧录》，四川人民出版社 1986 年第 1 版，第 193—194 页。

曲不但不会让当事人变得狰狞，反而会增加一个常人无从拥有的魅力。谁也无法预测，唐友耕会从伤疤里抠出一块鸦片，还是一把黑火药。伤痕是他的尤物，就像一连串的美女投怀送抱，让一介武夫获得了命运的大手印加持。

在缺乏外界诱引时，这张龃龊的歪脸宛如一朵烂花，在那个年代穿越了官场的审视和风尘的检阅，唐友耕无师自通，因祸得福，一张歪脸俨然就是免死牌，他变得为所欲为了。

周询父亲周侪亮以纯熟律法、官员条例而深为骆秉章赏识，周侪亮也是身体力行之人，在四川每到一县赴任，总是深入民间查访疾苦，遂有"周赶场"的官场美誉。唐友耕敬重这样的文士，尽管周侪亮的官位不高，他很希望与之结交，用一个"文武双璧"的儿女姻缘凝固自己对儒士的孜孜向往。可惜的是，周侪亮显然看到了这个杀人不眨眼之徒的骨相，柔弱的毛笔岂能与鬼头刀交锋啊？

他以儿子年幼为借口推脱了婚事，这均在情理之中。

据成都民俗学者蒋维明考证，给唐友耕看相的术士，是在下东大街府城隍庙摆摊的术士。这个坐北朝南的城隍庙比万福桥的成都县城隍庙和昭忠烈祠街的华阳县城隍庙级别要高，它后殿与东糠市街相邻，在这里混饭吃的术士自然也要"关火"一些。

一个人无力改变现实，就很容易堕入虚无的宿命。但唐友耕何等聪明，他不会过于沉迷于其中。因为似是而非的爻辞与纷繁的时空联系，以及含义的"折冲"的反复摇摆，几乎都可以让预言应验。唐友耕全神贯注观察六个爻一一出现的过程。聚精会神地感觉铜钱在相士手掌反复地握捏时发出的声音，相信它将附带着自己的心思，去与陌生的冥念相遇。然后，人与卦象开始等待判决。

一些不妙的结果会让人陷入忧郁的遐想，让人反省自己的荒谬之处。从未谋面的幽深往事开始浮现，使一场简单的是非选择变成无尽的省思。这样，这一本来多少带有游戏成分的活动，却成为严肃的功课。不是让过去告诉未来，而是让现在预言过去。唐友耕拿过铜钱，闻着手掌上残留着的铜钱气息，他发现，自己实在是有些胆怯。不得不承认，敬畏命运是最有威力的感情。

也许，懂得敬畏的人，就会善待自己一天天少去的生命。多杀积功名，但多杀会长寿吗？反正自己身强力壮，顾不了这么多了。

多年以后，唐友耕果真发迹了，他慷慨兑现了许下的诺言。他到城隍庙找到了这个落魄的术士予以重赏①。

我的父亲蒋寿昶早年是国民政府建于灌县"空军幼年学校"的学生，曾经去过写有蓝底金字立式石匾的"成都府城隍庙"。他对我回忆说，庙的正面是三个圆洞形的拱门，两侧拱门稍小，左门上嵌有"彰善"二字，右门上嵌有"瘅恶"二字，庙门对联大有深意：

古祀重伊耆，溯八蜡祚年，功在水庸昭国典。

设教以神道，主九幽治鬼，权分泰岱作民依。

气势森严，飞檐峥嵘，具有官场与鬼蜮的混合气场。"在前清时，例于清明、中元及十月朝，迎驾赴厉坛赈孤，地方官亦同时赴庙行香。正殿之后有便殿者，城隍身著便服，作伏案办公

---

① 见《明清巴蜀人物述评》，巴蜀书社 2005 年 11 月版，第 218 页。

状。对房有夫人像，亦便衣，卧床梳桌，及各项陈设，与人家内室同。旁有大小孩及女仆等，其男仆则立于神之旁，如听事然。据云，神及夫人便服，四季皆备，皮衣如胎羔灰鼠大毛等，均因时更换无讹，床中被褥，及夫人内衣，亦有女居士专司其事。前清迷信时代，入观者无不神凝气肃，而兢战不已也。"①

我在父亲的描述里，词语在我眼前不断晃动、复原那些道具：在城隍庙戏台前的院坝（成都人称之为"扯谎坝"）和过道两侧，高悬"赛君平""字状元""唐不同""王知命"等等布幌，他们的眼睛，砭肌透骨，比唐友耕更毒！我好像可以看到身材不高的唐友耕红光满面，健步走入鬼城。他的气势已经泄露了他的身份和使命，加上目光逼人，刀光剑戟，鬼魂的烟雾也要回避，会在他的四周，形成一圈浓郁的晦气。

笃信命运，历来是形而下之人的宿命。我觉得有意思的是，当唐友耕第一次步入城隍庙时，他的杀孽不重，而当他再次来到城隍庙"还愿"时，那些跟随而来的魂魄，是成为不散的冤魂呢，还是已经成为了他的虎伥？

所以，一个不安于现状的人，就是一个不愿在寂寞中寂寞下去的人。他的寂寞与其说是一种蛰伏，不如说他的放浪形骸是一种信心的休克疗法。一旦他回到寂寞中，他会具有空前纵欲的疯狂来处理自己的事业。

哀求可以得到分币，祈祷可以抵达拱廊；

哀求总是白天的演出，祈祷却是暗中伫立。

———————————

① 【民国】徐心余《蜀游闻见录》，四川人民出版社 1985 年 5 月版，第 78 页。

城隍庙还愿

翼王之印与翼王剑的下落

翼王及将帅的诸多物品,被几个当事人据为己有。

蔡步钟,字鉴泉,福建蕉城蔡氏十七世祖,系蔡威烈士伯曾祖。以父恩荫刑部浙江司员外郎。同治二年(1863年)分发四川宁远府(今四川凉山彝族自治州)知府,后调四川雅州知府。在任期间,因积极协助骆秉章擒获太平天国翼王石达开有功,事后升云南按察使,赏戴花翎。据传他家藏有石达开佩剑及供词副本。清代金堂文人余澜阁《蜀燹死事者略传》、现代作家万伯喜《悲情英雄石达开》里,对蔡步钟擒获石达开一事均有描绘。蔡步钟因积劳成疾,受伤极多,后旧伤复发,于同治五年(1866年)回乡调养,在蕉城内建大厅一座,作为官邸。卒于同治八年(1869年),时39岁。

依靠兢兢业业的"人头"事业,蔡步钟家族迅速致富,诗书礼仪乐五路并发,高歌猛进。民国三十三年(1944年),恰值著名的"鹤场吟社"社员、古溪乡联保主任陈伯咸母亲蔡氏八旬寿辰。蔡氏出身名门,是当时宁德首富蔡百万蔡志谅的孙女,云南按察使蔡步钟的爱女。为了替母亲做寿,陈伯咸特意举办了一次隆重的折枝诗会。

兵败大渡河之际，官军、王应元、岭承恩一共缴获太平军持有的 26 枚官印，这也未必就是总数。

石达开携带的大量珍贵物品，包括翼王剑、翼王伞、翼王旗、翼王印等等，则归总兵唐友耕所有，值得一说的是神龙见首不见尾的翼王印。

翼王之印为一方乌金印，长六寸二分宽，三寸一分。在天国前期七王当中，此印的规格最小，由此可见天国的王权体制，已经精细化到令人大气不敢长出的程度。后来唐友耕把这枚大印的字迹磨掉，但字迹又没有完全磨蚀。这主要是害怕授人以柄，一旦传出保存翼王印鉴，就可能会让人联想有图谋造反之心。后来唐友耕传给儿子唐百川密藏。进入民国后，1924 年 8 月，曾陈列于少城公园内由卢作孚担任首任馆长的成都通俗教育馆开馆展出期，一展出就引起全省轰动。

石达开死后，若干年来，四川普遍流传翼王未死故事。说是翼王物色了一个相貌和他相似的人，把这人招为女婿，危急时刻便由这位"姑老爷"顶替，翼王遁走，最后在四川屏山县石角营落脚，娶妻生子，传宗接代。有人不但相信，还有认祖归宗，要刊印"石公族谱"。这毫不奇怪，拉名人进入谱系，为家族贴金，古往今来多不胜数。而眼下这个人，就是屏山县的职业土匪、有"花花太岁"之称的石肇武。可见，越是出身低微之辈，越是要把周公、孔夫子强认为高祖，历史名人就像回春之药，不贴住现实的肾俞穴，又如何腰力十足？

鉴于翼王石达开的历史威望，石姓之人谁还能望其项背？这已无须胶着他是否是体制命名的"伪"翼王了。

1921 年，驻防宜宾的刘文辉来到屏山县，首次见石肇武。石肇武（1897—1933 年），字教权，四川沐川县安乐溪人。早年混迹绿林，因怒杀沐川县县长杨文斌而威震江湖。刘文辉认为此人不凡，把他收到身边，不久就当了连长。他对刘文辉的夫人二胖婆大献殷勤，刘就干脆收为"义子"，于是这位小石老幺称刘文辉为"干爸"，称二胖婆为"干娘"。随着刘文辉的不断升官，石肇武一跃而为二十四军十二团团长，驻防成都。石肇武是有胆有色的。乡人刘某，随石从军在石部任营长，石肇武与刘某的漂亮母亲有一腿，刘某怀恨在心，后将一营人拉出投奔其他部队。石肇武怒不可遏，只身闯入刘营当众将刘某击毙。

石肇武经常西装革履，沐猴而冠，劫持美女，拉肥绑票，无所不为，成都人称之为"花花太岁"。他开始考虑为自己找一个像样的祖宗，不但族谱光荣，而且自己师出有门。石肇武有个师爷叫吴用九，自称懂得医卜星相，某天神秘地对石肇武说："从相法上看，石团长根基不浅，一定是将门之种，贵不可言。"石肇武听得兴奋起来，非要吴师爷帮他好好看看相。经过一番探究，吴师爷得出了结论：石肇武是太平天国翼王石达开的嫡亲孙子！石肇武一听，像气球被吹得飞起来。从此更加自命不凡。他吩咐吴师爷专程去了一趟屏山，搜集汇编有关资料，整理出了一本《石氏家谱》，翻印出来后四处送人。

这时有人"点水"：翼王之印就在唐百川手里。

此时住在东丁字街唐家公馆的唐百川不过是一个富绅，一天家门口前呼后拥来了一批大人物。来人开口："肇武不才，知道老夫子家多有古董，内中有件翼王之印，务请赏赐鄙人一广眼界。"

得到石肇武要"看看"翼王之印的客气话，唐百川知道大事不好："哎呀！石团长，老夫在满清虽小有前途，革命之后，已是庶民百姓，从来不知道有什么翼王之印。"唐百川答解。

"嘿！老夫子不用害怕，君子不夺人之所好。肇武和老夫子都是君子嘛。"石肇武假斯文，说得字正腔圆。

唐百川只好说："老朽实在没有见过翼王之印，石团长听谁所说，请他来当面一谈。"

石肇武一时不知所答，干脆耍横了："翼王石达开，是我嫡亲的高曾祖。这枚印是我石家之物，非交出不可！"

唐百川急不可耐。他找到二十四军刘文辉的师长、石肇武的顶头上司唐英，希望帮忙。唐英出面斡旋，石肇武满头应承"误会""误会"了。

一天黄昏，唐百川到暑袜街口去买彩票，一个士兵向他敬礼："唐先生．我们团长派汽车来请你去谈几句话。"

唐百川慌了："我在生病，改天再来。"

士兵小声说："团长在等候，请你一定去一下。"士兵伸出手，提着唐百川的胳肢窝，强行把唐伯川搀上车，唐百川就此失踪。

几天后，承受不住折磨的唐百川写信给家人："见信后立即将箱底那玉印交来人带回，千急勿误。父亲笔。"

翼王之印是用黄绫子裹好的，就这样，唐家后人赶紧拿着大印赶到石肇武公馆"肇第"去换人。"肇第"位于鼓楼南街，1950年1月解放军接管成都时，此地成为成都市政府、后为成都市公安局交通管理局驻地。自此，翼王之印便陈设在鼓楼南街石团长的新公馆"肇第"内堂的神龛之中。

据说，石肇武特意拿着这枚玉质金镶大印，专程到屏山石角营大开筵宴，庆祝宝印归宗，并在祠堂祭献三日。

由于石肇武很快被枪决，翼王印由他的夫人龚淑芬保存，但随着石肇武突然被枪毙，美人和翼王之印就此失去踪迹。

唐友耕第四代后人对我指证，这个说法未必正确。他们听上一辈反复讲述的是，在东丁字街上拥有网球场的唐家公馆是被石肇武纵火焚毁了的。尽管"闻人"范绍增、但懋辛也是府上的座上客，可惜远水解不了近渴。房子被焚毁后的 1936 年，潘文华部的师长彭光汉出任袍哥总社社长，还在东丁字街"华瀛大舞台"（后为成都杂技团所在地）举行袍哥"合叙同总社"的成立大会，各地袍哥舵把子纷纷前来祝贺，盛况空前——这一记忆，构成了唐家后人追忆往事的一个结点。

但是，翼王之印的确还在纷繁的历史间隙里现身过一次：根据宜宾民间文史学者丁芝萍在《刘文彩在宜宾》中的田野考证，1950 年后开展"减租退押"运动，从成都回到宜宾的石肇武遗孀龚淑芬实在拿不出钱来清偿旧债，就拿翼王印去凑数。但农会认为不过是一块石头，不值钱，就没要。龚淑芬多少知道一点价值，便上缴给了当地政府。从此之后，翼王印连同尘封的案卷陷入往事，再无一丝浮出水面的消息。

翼王之印终于湮没于石达开反复出没过的宜宾，岂非天意！

……

翼王的佩剑，一直在唐友耕手里，那是一代武将心中的宝贝。

成都武侯区地方史料记载，唐友耕 1882 年病逝，其墓地位于文庙后街通往惠陵的中途——浆洗街与肥猪市交汇口。当时朝廷赐给 500 亩地，作为坟地。后来又在此建立了唐（公）友耕祠堂。1950 年左右，在疾风骤雨的革命形势下，绝对不容许封建余孽的牌坊与豪华大墓耸立在人民的汪洋大海之中。唐友耕的孙辈"五外爷"一再提起开坟建议，"铲平屠杀太平天国英雄的刽子手的坟地"，这个理由得到了军政委员会有关领导的首肯。时任川西博物馆副馆长的起义将领王瓒绪先生与唐家后人达成协议，决定打开唐友耕墓地，一来响应新中国移风易俗的新规，二来抢救性发掘文物。具体协议约定：坟墓里的金银归唐家后人，珠宝古玩归国家。

墓地挖开后，众目睽睽之下：唐友耕歪着头，胸前挂有二品武官的"狮子图"银件，他脸如白垩，胡须落落，宛如陷入一场绮丽大梦而乐不思蜀。唐家后人们对我证实，他们也许不敢过于靠近，均说没有从唐友耕的面部或脖颈处发现疤痕，这与周询的记述就有出入了。《唐友耕年谱》记载唐友耕脖子、脸颊多次受伤。下葬至当时近 70 年了，不可思议的是，他的手臂仍然富有弹性。他手指上套着一个巨大的玉扳指，他嘴里含着一颗足有鸽子蛋大小的天珠，这些被人率先抠出。棺材内也铺有一层厚厚的雄黄粉，在粉末之间放置着大量古玩珠宝。很快，搜集出来的珠宝就装满了一只脸盆。

"用水一泡，整个盆子立即就绿了。"江潮先生描述说。他依稀记得，棺材里面尚有一把佩剑，人们都说就是翼王的佩剑，因为剑柄上还镌刻有一首五言律诗。毕竟时间太久了，往事漫漶，他不敢肯定其诗歌内容。

墓里还有一件"青狮白象"大玉坠，一面是青狮一面是白象，为一块奇异的不同色泽宝玉雕琢而成，为慈禧佩戴之物。当时慈禧当场赐予了前来北京紫禁城述职、领赏的唐友耕，她感怀于这种对朝廷忠勇无比的人。翼王剑、青狮白象玉坠以及所有的出土器物，经简单清理，后被故宫博物院收回。

"文革"前夕的 1966 年初，唐家后人植登捷先生去北京出差，抽闲到故宫参观，偶然发现在清朝玉器展馆里，有一个展柜的"成都故物"。展出标签上标注的是："四川省成都市浆洗街出土唐匪泽坡遗物展"，物品多达数十件。由于涉及自己祖宗，他记忆深刻。由此可以推断，唐友耕的随葬物品，至今均在故宫。值得一提的是，那柄在唐友耕坟墓中出土的众目所见的翼王之剑，也应该在故宫文物典藏中。

因为墓地内没有金银，唐家后人一无所获。"五外爷"唐泽绝望地大捶胸口，大失所望之余，他决定把唐友耕的官服拿去卖点钱。唐泽竟然奋勇跳上了唐友耕的棺材，双脚叉开，倒骑在祖先身上，双手把唐友耕托立起来，腾出一只手扒下衣服，动作轻车熟路。唐友耕承受不住了，在这一阵挪动之下开始七零八落，瞬间散架……官服上沾满了时间的尘埃和生猛的白酒，他拿到外面以几万元（相当于现在几元钱）价格卖给了收荒匠。也许觉得太不划算，他又返回墓室，干脆把唐友耕身后的几匹白绸一并抽下来，因为沾满了白酒和尸体碎块，看起来很脏。绸子拿出来，用力一拉，发出"嘣嘣嘣"的脆响弹声。他决定拿到府南河去洗。哪里知道，丝绸一入水，立即碎成了粉末……

往事就像分解的丝绸，回到了它的原初。所谓历史的镜像，不过是锦江水中摇晃不已的倒影。而一切鲜活的事体残留在当事人记忆中的，均漂洗为黑白片了。准确点说，人们不能奢望通过历史镜像去按图索骥，历史总是以黑白底片的形式，成为见证。

法国作家雨果说："沉默往往为那些受到痛苦剧烈打击的简单心灵提供一个无以名状的庇护场所。绝望到了一定程度，就连绝望的人也无法理解。"那些顶着绝望而敢于冲撞命运的人，定是历史的脊梁。

也许，这就是历史的循环。天理昭昭，报应不爽。

唐公墓地迅疾被荡平，这个拥有 500 亩的偌大地盘，成为了成都市锅炉厂厂区。

蔡步钟与翼王的"青钢宝剑"

雅安知府蔡步钟还有后续故事，与翼王之剑有关。

成功阻击石达开入川，蔡步钟被正式任命为四川雅州知府。由于缴获的石达开佩剑有好几把，蔡步钟选中了石达开的"青钢宝剑"，并带回到老家。后人在1956年"土改"时把宝剑予以上交。

石达开佩剑——"青钢宝剑"。

这把"青钢宝剑"没有湮没，后几经辗转被福建省博物馆收藏，专家确定为翼王石达开使用的佩剑。长81.7厘米，腰宽3.2

厘米，剑柄 21 厘米。看似普通的剑，却蕴藏着一段曲折动人的寻剑故事。

蔡威原名蔡泽锵，乳名蔡景芳，1907 年 3 月出生于福建福宁府宁德城关镇（今宁德市蕉城区）大户人家。蔡威出生时，其家每年可收 700 多担租谷，还在宁德、福州有酒行、纸业等店铺生意，家里雇佣了管家和许多伙计。

1927 年 8 月，蔡威决定去上海寻找党组织。当时他妻子薛品瑄有孕在身。尽管结婚数年，但两人在一起生活还不到一年。为丈夫的安全和他的事业，她毅然支持丈夫外出。这样，蔡威告别了母亲、妻子和故乡。此次一别，竟成永诀！

……

1936 年春天，红四方面军来到了川西北深处的丹巴县。一天就要渡过湍急的大金川河，当方面军电务处二台台长蔡威听说金川河下游就是大渡河之时，陷入了沉思……

作者陈启西在《青钢宝剑的红色传奇》一文里详细指出：

1936 年春，红四方面军长征到达大渡河，红军总司令部二局局长蔡威与时任无线电训练队教员马文波，谈起他家里祖传一把太平天国石达开随身佩剑——青钢宝剑，并说他祖辈愧对农民军。然而，这句不经意的话，却成为日后政府确定蔡威烈士身份的重要佐证。

长征途中，蔡威领导的电台在破译方面屡立奇功，帮助红军取得了辉煌战果。长征胜利后，毛泽东曾赞誉二局功绩，长征有了二局，我们好像打着灯笼走夜路，如果没有二局，长征胜利是难以想象的。由于长期忘我工作，蔡威随部队长征到达甘肃岷县时就因病逝世了，年仅 29 岁。因蔡威严守党的纪律，组织仅知道他是福建人，真实"身份"却无法确认。

新中国成立后，蔡威的老战友纷纷踏上了保卫和建设新中国的岗位，有全国总工会原副主席宋侃夫、邮电部原部长王子纲、中将徐深吉、少将马文波等。然而，在工作之余，静下心来，战友们更加思念长眠在黄土高原上的亲密战友蔡威。对马文波来说，蔡威在大渡河边的谈话，深深地铭刻在他的脑海里。

找到蔡威后人还要附加以"剑"为证。关于石达开佩剑，中国历史博物馆、南京太平天国馆都没有，蔡威的亲属在哪儿呢？在福建什么地方，哪个地区、哪个县、哪个村，蔡威是否真名？无人知晓。1982 年 2 月 24 日，徐深吉写了一篇名为《怀念一位"无名英雄"——回忆红军长征中的蔡威烈士》发表在《福建日报》上投石问路，希望能引起当地知情者关注。

很快有消息从福建福鼎传来。当时，福建全省各市（地）县党史资料征集编写委员会刚恢复重建，福鼎党史征编委有干部从《福建日报》上看到这篇文章，蔡威事迹十分感人。当地党史征编委干部根据文章中提供线索，对全县进行搜寻，发现福鼎管阳有个名叫"张白弟"的"失踪者"很有调查价值。

大家就去核实，虽然"张白弟"兄长外貌与蔡威很像，马文波等人也很想尽快找到蔡威后人，但确认他的后人，老将军们很谨慎，坚持必须查到翼王佩剑"实证"。

经省、地有关部门深入核实，福鼎张家没有收藏过翼王佩剑，而"张白弟"年龄与蔡威差距较大，只好放弃这条线索。离开福鼎张家，马文波对老战友说，蔡威为人正直，从无戏言，他说的"传家之宝"石达开青钢宝剑，绝不是无稽之谈。

就在同一时期，宁德蕉城蔡厝里的蔡述波兄弟俩向宁德地委党史资料征编委要求，查询失踪50多年有"中共"背景的祖父蔡泽鐄材料，证明材料上写着"蔡泽鐄又名蔡威"。这份证明材料制作时间是1956年，比福建省党史征编委的通知和《福建日报》的回忆文章中所提到的"蔡威"早了20多年。

而就在半年前，宁德地区党史征编委接到省党史征编委通知，要求协助查找一位牺牲在长征路上的烈士"蔡威"，真是踏破铁鞋无觅处，得来全不费工夫。

蔡家兄弟带着材料赶到北京，尽管宋侃夫、王子纲、马文波等人从相关书面材料上得悉面前两位年轻人的祖父叫"蔡威"，心里已有九分把握，但由于发生过误认"张白弟"一事，马文波坚持必须有蔡威生前亲口跟他说过的翼王佩剑为证，才可确认其身份。

随后，马文波亲临闽东，重点调查蔡家是否存有石达开佩剑。宁德方面做足调查，找到了曾保存过佩剑的蔡作柯老人。

原来蔡威曾祖父蔡步钟，在清朝时曾任四川雅州知府，大渡河安顺场一带正是雅州辖区，石达开兵败被俘时，恰在蔡步钟任内。蔡步钟卸任后，将石达开青钢宝剑带回蕉城。蔡作柯老人介绍，这把宝剑剑柄前面有"青钢宝剑"4字，剑身上则有"二龙戏珠"精细花纹。1956年，宁德征集历史文物时上交文物部门集中到福建省博物馆了。

马文波一行直奔福建省博物馆，终于找到了这把青钢宝剑。至此，翼王佩剑之谜全部揭开。蔡威在大渡河边对马文波说的话，终于得到证实。

1985年8月20日，宋侃夫、王子纲等人联名将马文波关于蔡威籍贯调查情况致信国家主席李先念并徐向前元帅。李先念和徐向前分别给予蔡威高度评价。同年 11 月，福建省人民政府正式追认蔡威为革命烈士。

一柄青钢宝剑，洞穿百年中国历史。在这柄青钢宝剑身上，既有对蔡威的久远记忆，也有马文波刻骨铭心的挂牵。它见证了老红军们对战友的拳拳之心，也见证了他们一丝不苟的严谨作风。①

一柄"青钢宝剑"，从蔡步钟到蔡威，牵连出一曲十分动人的往事。

蔡家后人蔡作柯曾经回忆："这把宝剑有三尺多长，剑柄的前面有'青钢宝剑'四字，剑身两面都镌有'二龙戏珠'的精细花纹。剑身亮晶晶，光灿灿，非常锋利。小时候，我常舞弄它，竟把剑柄都弄破了。有一次，因为听说真的宝剑削铁如泥，我就左手拿着砍柴刀，把它的锋刃朝上放在地上，右手举起宝剑，猛地朝砍柴刀砍去，砍柴刀确实被破坏了，而剑也留下一个缺口。为此，我父亲曾狠狠地把我骂了一通。1956 年土改时把剑交上去了。"

---

① 《中国纪检监察报》2018 年 12 月 21 日。

石达开的"第三条道路"

　　作为"亡田者"的代称，流民或流氓一旦组织起来成为势力，就是中国社会酱缸中的"鲶鱼"。

　　日本人认为，地底下躺着一条巨大的鲶鱼，它翻一下身，便会地震，平时，一位神举着石锤监视着它，可是神偶有松懈，鲶鱼就会乘机翻身。这个传说并不是取决于鲶鱼的体形大小，而是着眼于它不断滋生出的诡异动向。所以，只有神才能制服那条脾气古怪的鱼。

　　学者们经过长期观察鲶鱼后发现，鲶鱼对轻微震动的感受十分灵敏，而地震前所引起的微弱电流的变化，也能被鲶鱼特别灵敏的感受器感觉到。鲶鱼还有特别丰富的味觉器官，叫味蕾。人的舌头上也有味蕾，大约九千多个，而鲶鱼的味蕾却有十万个。而且这些味蕾不光长在口腔里，还长在皮肤和触须上。地震之前，水中的电流和水质发生变化，使鲶鱼不断翻身。其他鱼儿也会出现"鱼翻白肚水上跃"的反常行为。由此可见，民间传说与信仰，总是具有一定的事实基础。

　　滑动在欧洲人意识里的鲶鱼，最后在一个著名的生活典故里停息下来：挪威人爱吃新鲜的沙丁鱼，可上市的沙丁鱼只有一位老渔民捕的鱼是活蹦乱跳的。其奥秘在于：他在捕来的沙丁鱼中掺了少量的鲶鱼。鲶鱼放进鱼槽后，由于环境陌生，自然会四处游动到处挑起摩擦，而大量的沙丁鱼发现多了一个"异类"，自然也会紧张起来，加速游动。这样一来，使得捕来的沙丁鱼一直保持兴奋状态，活蹦乱跳的，所以能卖出高价。这就是现在被广泛引用的"鲶鱼效应"的来历。

这就至少说明，"鲶鱼效应"并非某个哲学家或经济学家的"发明"，它是来自于生活智慧的。但在哲学谱系当中，的确有一位哲学家发现过类似的哲理，这就是索伦·克尔凯郭尔（1813—1855年）。克尔凯郭尔在1843年出版的巨著《或此或彼》"诗篇"一章当中就说：

科内琉斯·内波斯讲到过一位将军，他与一个很大的骑兵团一起一直被禁闭在一个要塞里；为了使马匹不至于因过分不活动而受伤害，他便每天鞭打马匹——我以相似的方式生活于这个时代，像个受困的人，但惟恐受到静坐过久的伤害，我大声说我累了。

这种通过外力干扰来获得活力的方式，就像牧人面对严寒天气，在羊圈旁放一个狼的标本一样，使濒临于冻死的羊群获得不安，不安营造出来的"集体恐怖"一直使它们无法入睡，从而避免了被冻死的可能。

后来，美国著名管理专家史蒂芬·伦丁、哈里·保罗、约翰·克里斯坦森合著的管理经典《鱼》，则集中介绍这种提高士气和改善效率的奇妙方法，即激发活力并释放潜能。使我们不由得从人生的角度来看待这个问题：即使你无法选择生活本身，你也可以选择采用什么方式来面对生活。

但是，当我们辨证地思考寓言具有的逻辑时，就会发现我们还是没有找到解决问题的答案。鲶鱼的哲学肯定能带给我们某些启示，但我们不是鲶鱼！我们也不是沙丁鱼！就像"别人抢走了我的奶酪"，那的确是非常糟糕的事情。寓言故事不是实际，可是，寓言却是形而上地存在。

"鲶鱼效应"在人际学中泛指与众不同的人、能给群体和环境带来活力的人，这样的人最受欢迎。面试时，特别是在群体面临选择的时候，历史机遇总是青睐每一个人特立独行的表现，最有活力，最有创意的声音会被机遇选中。

从理论上说，"鲶鱼效应"不但跟人才学、权力学的关系非常密切，更与历史密不可分。但如果以中国传统的中庸观点来看待的话，这条鲶鱼往往会被视为"害群之马"，是"一颗耗子屎坏了一锅汤"，轻则"重点教育"，重则立即被清除出列。

而中国历史上那种改朝换代者，往往都是那种为既存制度不容的鲶鱼——不，是收网者。

中国农民起义的结局不外乎只有两种：彻底失败，被国家法律碾为齑粉，并成为警示腹诽者效尤的罪恶下场；或者他们历经多次被官军围剿，在围剿与反围剿的博弈中，许多起义军都被招安，比如水泊梁山英雄与张献忠，后者是招安了反叛，反叛了再招安反叛，次数达到十几次轮回！接受招安成为了起义者度过危机的窄门。

但是，我注意到石达开走了另外一条迥然不同的道路。

作为太平天国的武力扛鼎者，他变卖田地，组织军队，甘愿成为"亡田者"，义无反顾地加入到反抗朝廷权威的行列，并以自己杰出的军事指挥才华，为天朝赢得了半个江山；又因为他对怪力乱神的天朝的绝望，他再次出走。他没有被招安，他没有投降，他没有回头是岸。出走之后，他是作为纯粹的武装的"亡田者"领袖现身于西南一隅。他没有为之炮制宏大叙事的知识分子，没有乌托邦，没有供给没有给养没有天兄辅佐没有圣恩眷顾，唯有在游走、奔袭、逃亡的诡道之上不断突出重围。活下去，成为了他唯一的目的。

毫无疑问，翼王石达开与他的晚期死敌——晚清重庆镇总兵、后来提拔为四川提督的唐友耕均是制度的反叛者。

唐友耕是昭通农民起义军，后来"幡然悔悟"，成为了国家力量的生力军，他是浪子回头金不换的光辉榜样，并被大儒王闿运高看一眼；石达开反叛了国家，又进一步反叛了"小天堂"朝廷，他作为双重反叛者，他彻底回到了流民与流氓的本义当中，一如漏网之鱼。

如果说石板铺就的"官道"接通了亨通的身体叙事，那么，一条布满泥泞与荆棘的羊肠小路，却是通往江湖的隐遁之路。但由于利益的作祟，国家与江湖之间地域漫漶，仅有一线之隔，江湖不是人性的跑马场，它不过是待价而沽的高台，在江湖与体制之间的确不存在一个供石达开两不归的"灰色地带"。他通往生存王国的"第三条道路"仅仅存留于一线希望：在国家与江湖均不愿涉足的不毛之地，他才可以像一头豹子那样，停下来舔舐伤口……

所以，一当石达开走上了这条不归路，所谓的"投机分子""阴谋家""野心家""分裂主义者""叛徒"等等恶谥，就已然

284

不复存在了。制作这些标签的人，不过还是站在国家或天朝的立场在忘情地填发制式表格，一如洪天王渴望这个翼王能够回心转意，派出快马猛追石达开，送上"义王"金牌。这，已经不是萧何月下追韩信的求贤若渴，而是急火攻心，盼望你回来解救水火中的天朝！

石达开走了，踏上了他的第三条道路。

自此，"真天命太平天国圣神电通军主将翼王石"的旗帜，飘荡在西南天地间（天王洪秀全的专用旗帜为纯黄色，杨秀清、萧朝贵、冯云山、韦昌辉、石达开都为黄心镶边的旗帜，分别镶有绿、白、红、黑、蓝边）。

一个没有出路而开始寻找出路的人，一个知道他的归宿注定是与刀锋对撞的人，明知不能兴天朝而出走；明知不能灭清朝而亡命；明知不能保兄弟之命而舍己保全他们……那种知其不可而强为之的悲剧意味就蔓延开了，犹如笼罩巴蜀大地上的迷雾。世界只剩荒诞，人生也只剩荒诞，于是荒诞成了这个世界挥之不去的大梦。

如果是荒诞，那就是"没有意义"；但有意义的恰在于，一个人、一批人以自己的生命，完成了一次彻底而全新的历险：一点一点地失败，直至完败！

我说过，失败，可以失败得慢一点，失败得从容不迫。石达开吃透了荒诞，他极富耐心地把荒诞演绎给我们看。

也许他的一系列荣辱并不能让他忘怀这一预设，而是他不断在刨去预设周围的附赘物，甚至不惜揠苗助长。他等待着越来越清晰的结局与预设相吻合，就像一把伤痕累累的剑，回到了熔炉和砧台。

正因为有死亡的终结，这样的悲剧性就不再荒诞。

当国家与江湖手拉手亲上加亲，这个"灰色地带"立即被挤压，成为了铁蹄之下的印痕。他的路，不过是体制与江湖联欢、马蹄踩出的水洼。鲶鱼在水洼里挣扎，鲶鱼搅动大地。

天高皇帝远，身为"鱼王"的鱼凫王鞭长莫及，看来对这条鲶鱼未施佑护。

一条纵横长江三千里的鲶鱼，在大渡河大翻身之际，他扭断了脊梁。最后，鲶鱼出水，渴望上演一出"鲶鱼上竹竿"的地方穿越剧，难度要大大高过化剑为犁。

演员是无法自我欣赏的。这场历史大戏的导演者，却是骆秉章、刘蓉、唐友耕之流。鱼，在渔网束缚之下，继续准备着，最终要演一场"鱼鳞剐"的制度狂欢。

后　记

白云苍狗，一百多年弹指而过。对于太平天国的历史评价与民间评价，时而上天，时而入地。绝大多数人对于石达开依然满怀深切的同情，至今他的支持者无疑是太平天国首领里最多的——有人统计，说是超过其他将领粉丝的总和；而以他名字命名的纪念建筑也同样最多，单是"翼王亭"就有 5 座：分布在贵港、宜山、石棉、南宁、黄石。

2021 年，为太平天国翼王石达开诞辰 190 周年。明年是石达开率军挺进四川 160 周年。

有鉴于此，撰写《石达开与雅安——太平天国第一王》被提到了议事日程。

当年为在四川建立新根据地，石达开曾前后 7 次攻入四川，涉及重庆府的綦江、涪陵、巴县，叙州府的宜宾县、高县、庆符县、筠连县、长宁县、兴文县、江安县，宁远府的西昌县、盐源县、冕宁县、会理县、越嶲厅，雅州府的清溪县、荥经县等几十个区、县、乡的广大区域。需要说明的是，本书的地理范围不是局限于现在雅安市的行政区域，主要集中书写了石达开 1863 年正月从云南最后一次进入四川宁远府，直到他于 1863 年 6 月 27 日在成都四川按察使司署监狱英勇就义的过程。

在采访、写作过程里，我先后多次去往雅安市、西昌市、攀枝花市以及汉源县、石棉县、荥经县、会理县、米易县、越西县、甘洛县等地考察。先后得到当地政府及雅安市政协文史委员会以及郭朝林、张永承、李锡荣、罗光德、周万任、邱秋、白玛曲珍等作家、学者的大力支持，他们提供了很多珍贵的史料或文章给我参考，在此深表感谢。

尤其感谢 97 岁的著名作家王火，在医院里通过家人协助为本书撰写了情真意切的序言。

我曾经说过，一个非虚构写作者，应该竭力成为真实与真相、历史与文学的福尔摩斯。我们面对过往的历史与情感，像是面对一地碎片，并不知道碎片原初的形制，曾被哪些"温暖的大手"紧握，或者被一双玉指点染。甚至，它就是庄子语境里在那口水井边的一只粗心大意的瓦器，玉碎之际，竟然发出了雷鸣之声。

但是，碎片的弧度与缺口，乃至藏匿在断口间的光，逐渐都在指向一个形式，一个统摄碎片的气场。我的手指捡起的每一块碎片，都是缺一不可的，我会根据碎片与碎片之间的划痕，让它们逐一归位。我的手指不断在凹陷之处，分泌虚拟的美学硅胶，直到硅胶在空气里定型为现实主义的托举。

但是，我们注定会遭遇缺失，遭遇缺席，遭遇出走……也就是说，在事态演绎的中途，我只能目测、推测缺失的碎片形制，以及它承担本职工作的轻与重，我的想象性碎片修复，必须尊重它的邻居们的同意。我不能把一个半老徐娘，打扮成娉娉袅袅的少女。

非虚构写作与虚构无缘，但这并非意味着非虚构写作的技术空间的窄逼。碎片必须符合历史语境的语法，回到真实，但我使用的黏合剂，却有我赋予碎片弧度、形制应该具有的情感与语态。也就是说，我的文学语境，必须是在从属历史语境的前提下，才来做文学叙事所固有的，圆润那些干燥、干瘪史料的美育工程。这就是达到真相。

历史追求真实，就是碎片；非虚构写作追求的，是碎片拼合起来的整体，这就决定了我们已经赋予了碎片以美的和谐，这就是真相。

记得在清溪峡里考察时，在一个垭口处见到了一棵旗树。弯曲的旗树，它在日光下的影子更为奇怪，就像一个没有身体的武士，是无头武士。与其说她是在扭头寻找对手，不如说是在张望着自己的身体。

也许，旗树不过是历史的一个幻象。

2021 年 3 月 28 日于成都

后记

石达开大事年表

1831年3月（道光十一年二月中旬）：出生于广西贵县北山里奇石墟那帮村。父亲石昌辉依靠养牛起家，家道渐起。石达开在家读书习武，后废学经商，以耕种为业。

1847—1850年：参加拜上帝会。在广西贵县、桂平等地进行革命准备工作。

1851年1月11日：金田起义。随即被封为"左军主将"。

1851年8月15日：太平军开始自紫荆山茶地突围。与萧朝贵共同负责"开通前路"之责。

1851年12月17日：被封为"翼王"，成为太平天国早期"六王"之一。

1852年10月：太平军进攻长沙不利。石达开分军渡湘江，大败向荣。

1853年1月：太平军围武昌。石达开担任拒援任务，与向荣援军对峙，武昌遂成孤城。1月12日，太平军攻克重镇武昌。

1853年2月9日：太平军自武昌顺流东下。石达开率秦日纲、胡以晃等人为先锋。洪秀全支持卞三娘提出的"进军中原心腹"方略，但杨秀清假托天父下凡，提出"直犯江南"。

1853 年 3 月 19 日：指挥所部攻破南京。洪秀全在南京建都，"小天堂"正式建立，改名天京。

1853 年 3—9 月：在天京协助杨秀清处理太平天国的军事要务。

1853 年 9 月：到达安庆，全力经营安徽。约至次年初春，返回天京。

1854 年 3—9 月：在天京协助杨秀清处理军国要务，并负责京城防务。

1854 年 6 月：以东王杨秀清名义复信给英国侵略分子麦华陀等人，答复三十条，并质问五十条。

1854 年 10 月：出京到达安庆，指挥长江上游战事。随即赴湖口，布置九江、湖口防务，确定了坚守以疲敌、等待反攻机会的战略。

1855 年 1 月 29 日：堵塞湖口水卡，在外江发动奇袭，湘军败退至九江城下。

1855 年 2 月 15 日：在九江江面发动夜袭，曾国藩走投无路，差一点被活捉。湘军水师溃退至湖北。

1855 年 9 月：在安徽庐州外围督师。

1855 年 11 月：应援鄂南，大败湘军罗泽南部。随即自湖北通城突入江西。

1855 年 11 月至 1856 年 4 月：在江西督战。江西八府五十余州县尽入太平天国版图。曾国藩被困南昌。

1856 年 4 月：自赣入安徽，回援天京。

1856 年 6 月：与秦日纲等会合，击溃清军江南大营，军事形势对于太平天国一片大好。

1856 年 9 月：杨秀清在东王府里再次假托"天父"下凡而附体，召天王洪秀全赴东王府，逼封"万岁"，爆发"天京事变"。韦昌辉遵圣旨诛杀杨秀清，但他肆意滥杀万余人。石达开在武昌洪山闻讯赶回，因韦昌辉意图加害，随即缒城逃出天京。留在京城翼王府内石达开的母亲及妻妾等满门数百人被韦昌辉诛杀。

1856 年 10 月：进入皖南。韦昌辉请求天王发出"诏旨"：有诛杀石达开者，许以丞相之职、赏金 600 两。石达开怒而抗议，声讨韦昌辉等。

1856 年 11 月：民怨沸腾情况下，韦昌辉被活捉，天王下令将其五马分尸，并割下首级送石达开军中，以接石达开回京。为泄天国军民愤怒，天王再次下令：将韦昌辉的尸体剁成肉块，每块两寸见方，悬挂在天京城内格栅示众，标明："北奸肉，只准看，不准取。"11 月石达开返回天京，被天京军民赞为"义王"。

1856 年 11 月—1857 年 5 月：在天京辅政。实行谨守江西与江南，并在皖鄂地区开展反攻的方针。

1857 年 5 月：因与洪氏弟兄洪仁发、洪仁达发生激烈矛盾，知不可为，决定"远征"，与洪秀全集团分裂。

1857 年 10 月：赴援赣西不果，于 1858 年 1 月退回抚州。

1858 年 2 月：弃守江西，进图浙江。

1858 年 7 月：自浙江撤退，进入福建。

1858 年 10 月：自福建汀州再返回江西。

1858 年 12 月：克复江西南安府城。确定进图贵州、四川的计划，嗣后愈益摆脱太平天国迷信以及主要战场。

1859 年 2 月：突入湘南，计划经宝庆进入四川。

1859 年 7—8 月：宝庆会战失利，被迫退入广西。

1859 年 10 月：克复广西庆远府城。

1860 年 3 月：翼殿"后旗"宰辅余忠率领将士脱离石达开。在此以前，李寿辉、傅忠信等已脱离石达开回归天京。此后，同样事件纷至沓来。朱衣点、吉庆元等 67 位将领先后离开翼殿阵营。

1860 年 4 月：石镇吉等进攻百色失利败亡。

1860 年 6 月：因清军围困，粮食困难，部队离散，被迫放弃庆远。彭大顺等劝石达开重返天京，石达开不从。彭大顺等随后率部队脱离石达开回归天京。

1860 年 7 月：进入宾州、武缘、上林一带，与李锦贵合作。至 1861 年 6 月退至贵县。

1861 年 10 月：离开广西，进入湖南。后经湘鄂之交来凤、龙山，突入川东地区。

1862 年 2 月 17 日：大军胜利进入四川省境。攻打石砫厅未果。

1862 年 4 月 25 日：翼殿军到达四川綦江县。

1862 年 4 月：顺乌江进攻涪州，未果。

1862 年 6 月：绕道贵州仁怀，进入四川叙州南部地区。12 日攻克长宁县，图渡长江不果，一个月后退走。

1862 年 9 月：定分道渡江之计，绕道黔、滇，迂回行军再度进入叙州南部，屯军宜宾县横江、石城山。

1863 年 1 月：横江大战失利，损失数万兵马，此为石达开入川以来最大失利。随即退入云南，自巧家县米粮坝横渡金沙江北进四川。

1863 年 5 月 14 日：经冕宁的小路到达越巂厅紫打地，准备横渡大渡河进取成都。

1863 年 5 月 17 日：强渡大渡河，加上突发山洪，失利。以后二十余日，几次强渡都未成功，粮尽后，杀马就食。

1863 年 6 月 9 日：紫打地大营被清军攻陷，余部被迫东向突围。

1863 年 6 月 11 日晚：石达开的几位王娘马氏、吴氏、潘氏、胡氏等，携带着石达开的两位幼子，还有众多患病受伤不能再战的将士，在老鸦漩石儿山纷纷赴水自尽，哭声响彻河谷。

1863 年 6 月 12 日：决定"舍命以全三军"，携儿子石定忠和宰辅曾仕和、黄再忠、韦普成等入洗马姑清军大营。他们经凉桥进入清营而被执。过凉桥时，翼王部属数百人放声大哭，有人当场自刎，有人手执钢刀狂砍崖石——至今凉桥东边山崖处尚有刀痕。

1863 年 6 月 12 日，预定遣散的翼王 4000 人被遣散。也有不少战士隐姓埋名，在大渡河山谷定居；部分加入彝族村落的，后成为"黄彝"。

1863 年 6 月 13 日晨：翼殿留下的 2200 名参护由周宰辅指挥，向大树堡进发。第二天遭集体屠杀于禹王宫。

1863 年 6 月 27 日：石达开和曾仕和、黄再忠、韦普成在成都"桌台监狱"内遭受凌迟之刑，壮烈就义。行刑时，下属不胜痛楚惨呼，石达开慨然道："何遂不能忍此须臾？当念我辈得彼，亦正如此，可耳。"至死寂默无声。同日，5 岁的石定忠口鼻被堵石灰窒息而死。

1864 年 7 月 19 日：太平天国天京陷落。